誰でもマネできる！

起業で「億り人」になった人の絶対ルール

中野祐治

ビジネス社

はじめに

ビリビリビリ！

「この契約はなかったことに！」

そう言い捨てて、破いた契約書をばら撒いて、相手は店を出て行きました。

頭が真っ白でした。昨日まではあんなに契約に乗り気だったのに。
昨日の夜中4時まで飲みに付き合わされたのはなんだったんだ……。
というかコーヒー代払っていってよ！……

こんなこともありました。

営業代行案件で、とある事業の代理店募集をしている時に、ゴミ回収のお仕事をしている方が、新しい仕事として代理店を検討されていたので、その説明をしたときのことです。
その方がイメージしていた仕事と、代理店の仕事の内容に違いがあり、そのことで機嫌を悪くされ、

「こんな内容やったら
わざわざ時間作らんかったわ！
はじめから言っとかんかい！
パッカー車に入れるぞワレ！」

と胸ぐらを掴まれて怒鳴られました。……

私の起業家人生はそんな失敗ばかりでした。

申し遅れました、中野祐治と申します。

こんな失敗ばかりの、普通以下の私がメンターに出会い、メンターのアドバイス通りに動き、マネをすることで、年収1億を超える起業家になれました。


今や、大企業に入れば安心という時代ではありません。

社員は生涯をかけて、ひとつの会社に忠誠を尽くすべきである。

会社は終身雇用と手厚い福利厚生で、それに応えてくれるものである。


今の時代本気でそう信じている人がいると思いますか?

もし若い世代でそんなふうに考えている人がいたとするなら、それはよっぽどの無知か、彼らの親世代が過去の栄光に縛られ、それを子どもにささやき続けることによってかけた「呪い」の犠牲者かもしれません。


バブルが崩壊してから30年以上がたち、終身雇用、年功序列などといった制度はとっくに終わりを告げています。

今後の社会を生き抜くには、会社頼み、組織頼みではなく、「自ら稼ぐ」という考えで、個人としての能力を磨く必要があります。そんな生き方の最たるものが「起業」です。

日本は諸外国に比べ、起業する若者が圧倒的に少ないといわれています。「頑張った分だけ稼げる」「成功したら自分で時間を管理できる」「欲しいものが手に入る」など、起業にはさまざまなメリットがあるものの、実際に起業する人は少数派です。

たしかに起業にはリスクも伴います、収入が少なくても自己責任です。起業の仕方も誰も教えてくれない場合が多いです。借金を背負うこともあるでしょう。

しかも、親も先輩もたいていは会社勤めであり、学校の進路指導でも大手企業への就職が勧められます。

起業のイメージはリスキーなことばかりで、具体的にはわからないことだらけです。特別な才能や野心、行動力のある人だけの道に見えて、多くの人が起業を選択肢から自然と外してしまうのが現状ではないでしょうか。

多くの人が起業を選ばない大きな理由は、「自分には経営の知識がないのに、起業なんてできるはずがない」と思い込んでいるのです。

しかし、事業計画、資金調達、営業、宣伝、税務、会計など、経営に必要な業務をすべて把握している人が、どれだけいるのでしょうか？

しかも、巷にあふれている情報は、起業に必要な事務手続きの説明や、急成長を遂げた超有名なベンチャー起業家の華麗なサクセスストーリーばかり。そういった情報に触れても、「これはこの人が凄いからで、私には無理」と思ってしまう人が多いのかもしれません。

私もそんな人間の一人でした。

神戸大学卒業後、大手電機メーカーに就職し、そのままずっと会社員を続けていく人生と思っていました。起業なんて考えたこともありませんでした。

しかし、社会人として2年ほど経験を積み、先輩や上司の姿を見て、「なんか違うんじゃないか？」「このままでいいのか？」と思い始めたのです。

その時にロバート・キヨサキ氏の『金持ち父さん貧乏父さん』を読み、衝撃を受けました。『金持ち父さん貧乏父さん』のなかでは、給料をもらって、使って、という労働者は

「ラットレース」から抜け出せないと書いてありました。

「俺って完璧に貧乏父さんや〜!!」

「超スーパーラットレーサーや〜!!」

と思いました。


そもそも給料とはどうやって決まっているのでしょうか?

簡単に言うと、給料は「あなたが明日も同じように働けるために必要なお金」。

難しく言うと「あなたの労働力の再生産コスト」なのです。


あなたが仕事でどれだけ頑張って成果を上げたかは考慮されていないのです。

あなたの「努力量」「成果」は給料の基準を決める要素には、入っていないのです。

「能力給や成果給をうたっている会社はたくさんあるぞ!」という反論もあるでしょう。

たしかに、実際には能力や成果も給料に反映される場合もあります。

しかし、それはあくまでも「多少のプラスアルファ」でしかありません。

日本企業の場合、ほとんどが「あなたの労働力の再生産コスト」の合計が給料なのです。

ですから、みんなと同じように、普通に食事をして、普通の家賃の家に住んで、普通の服を着て、普通にリフレッシュしていたら、まったく残らないのです！

だから給料日前になるとみんなお金がないのです！

稼ぐ手段として、**お給料だけに頼っていては、豊かになれるわけがない**のです。

会社は従業員をお金持ちにしようとは思っていません。会社の持ち主をお金持ちにするために存在します。なので、「会社員を続けて、出世してお金持ちになる」ことを期待すること自体がズレた考えと言わざるを得ません。

高度経済成長期の日本であれば、会社で一生懸命働くことが、豊かで幸せな人生につながったのかもしれません。

しかし、今の日本は違います。あなたもそろそろ気づいているはずです。

会社で働くことが、豊かで幸せな人生につながらなくなっているのです。

私自身も、こういった現実を知る前は、一生懸命勉強して、いい大学に入って、いい会社に入れば豊かで幸せな人生を送れると思っていました。

たしかに、出世すれば、給料は上がるかもしれません。

しかし、給料が上がると、必ず支出も上がるのです。

まず税金が上がります。

そして、給料が上がると、生活レベルも上げたくなるのが人間の欲求なのです。

また、一度上げた生活レベルはなかなか下げられません。

支出は収入に比例して上がっていくのです。

あなたの先輩や上司も、毎月給料日前にはお金がないと言ってませんか？

結果として、何年働いても、手元にはお金がほとんど残らないのが現実なのです。


こういったことに気づき始めた時に、友人の紹介でメンターに出会いました。

メンターの導きと戦友たちとともに目指してきたことにより、会社員をしながら週末起業をし、脱サラし、29歳で月収が１００万円を超えました。

その時、メンターは32歳で年収1億円を達成されました。年収1億円は達成できるんだとイメージでき、私も40歳までに年収1億円を達成すると目標設定しました。

31歳でリコさんという最愛の妻と結婚をし、今では夫婦で事業をしています。

そして、39歳の時に、年収1億円を達成しました。

かなり間をはしょりましたが、メンターと出会ってなければ今の人生はありません。山あり谷ありの道のりでしたが、メンターに何度も励ましていただき、力づけをしていただきました。

そして、ありがたかったのは、メンターがもともと私と同じ会社員の方だったことです。私のメンターが先祖代々お金持ちの方だったら、会社員をいきなり辞めて起業した方だったら、私はマネができませんでした。メンターが、私と同じような状態から週末起業で立ち上げてきた方で再現性を大事にする方だからこそ、マネができました。

もし、マネができ、再現性を大事にしているビジネスオーナーと出会う縁に、あなたが巡り合えたら、そのチャンスをかならず掴み取ってほしいのです。

メディアに取り上げられているようなごく一部の起業家ではなく、はるかに多くの「等身大の起業家」が、どんな日々を送り、どうやって起業し、事業を継続しているのかは、あまり知られていません。

本書では、いわゆる〝有名社長〟ではない私だからこそ明かすことができる、起業家としてのリアルな経験と、週末起業から立ち上げていく実態を、失敗談も含めて、赤裸々に書き、ルールとしてまとめました。

メンターから教わったことを、私がどのように実践してきたのか。試行錯誤しながらも年収1億円まで達成した、いち起業家の実情をお伝えすることで、起業という選択肢をより身近に感じていただけると確信しています。

起業とは、特別なスキルや高い志を持っている特別な人だけができるものではなく、誰もがトライできるものだと断言できます。

起業に興味を持ちながら、最初の一歩を踏み出すことに躊躇しているあなたの背中を押すことが出来れば、著者として最高の喜びです。

中野祐治

起業で「億り人」になった人の絶対ルール　目次

第2章 人生を変える存在〈メンター〉

第3章 安定して売れる商品を、安定して売る方法

第4章 いよいよ起業！「普通」の壁を突破しよう

第5章 ビジネスオーナーとして生き残るために

第1章

起業のリアルを知り、メンタルを養う

Rule 1 メンターとの出会い

私は迷っていました。

今得ている給料に満足していなかったし、今の会社で頑張っていくことだけで果たして大丈夫なのだろうか？

今の給料は自分自身の仕事内容や仕事量に対して「妥当」な額なのだろうか？

今のまま頑張っても、我慢と妥協の人生なのではないか？

「下流老人」「老後破産」なんていう言葉があり、将来何が起こるかわからない人生を、惰性で生きていいのか？

そんな時に『金持ち父さん貧乏父さん』と『金持ち父さんのキャッシュフロー・クワドラント』を読みました。何か行動しなければと思った私は、友達の友達の知り合いに経営者がいると聞き、紹介してもらい、会いに行きました。

それが、私とメンターとの出会いでした。

「私は迷っています。このまま会社員として頑張っていけばいいのか、起業などを考えたほうがいいのか。あなたはどうやって今の成果を作ってこられたのですか？」

とメンターに質問しました。

メンターは、もともとは会社員で、会社員をしながら週末起業を立ち上げてきたこと、メンターにもメンターがいて教わりながら立ち上げてきたことを話してくれました。

そして、

「私からも質問したい。君はこれからの人生、どんな人生にしたいんだい？　夢やビジョンは？」

と聞かれました。

当時の私はどんな人生にしたいかを明確に考えていなかったので、「明確ではないです」と答えました。

「今明確ではないのは悪いとは言わないよ。でも、このままずっと何も考えずに生きていったとしたら、それは動物と同じだよ。せっかく人間として生まれたんだから、志を持とうよ！　命を燃やそうよ！」

とメンターに言われ、グサッと心にささったと同時に、カッコいい！　と思いました。

こんな人間になりたい！　こんな生き方をしたい！　と思いました。

そこで、

「もしよろしければ、私にあなたの成功の秘訣を教えていただけませんか？　私のメンターになっていただけませんか？」

とお願いしました。

「まあまあ落ち着きなよ。まずは君の人生のビジョンを明確にするために、夢リストを書いておいでよ。ほしいもの、したいこと、なりたい自分やなりたい状態を、大きくても小さくても、どんなことでもいいから１００個書いておいで。書けば書くほどビジョンが明確になるよ。そして、書いたことは全部叶うよ」

と言われました。本当かな？　と半信半疑でしたが書いてみようと思いました。


１００個書いたら、もう一度会っていただけますか？　とお願いすると、

「いいとも。何事にも期限を決めたほうがいいよ。いつまでに書く？」

と聞かれたので、

「10日で書きます。10日後にまたお時間を作っていただけますか？」

とお願いし、10日後にまたお会いする約束をしました。

家に帰って机に向かい、欲望のままに書きました。ロクなものは書けませんでしたが。

まず書いたのが、「30歳までに月収100万円取るような器の人間になる」「タワーマンションに住む」「ベンツに乗る」「ハーレムを作る」「モテたい」……などなどです。

しかし、20個もいかずにペンが止まりました。

そこで気づきました。「俺、夢あんまりないな」と。

「俺、なんか大事なものを失くしてしまったんじゃないかな〜」と思いました。

それでも頑張って、なんとか100個書きおわりました。

10日後に夢リストを持ってメンターにお会いしに行きました。

「これ全部叶うよ」とまた言われました。

全部叶うかわからないけど、叶えるために努力する人生っていいよな！と思いました。

そして、このチャンスを逃してはならないと思い、

「改めまして、私のメンターになっていただけませんか？」とお願いしました。

Rule 2

起業して社長になる、とはどういうことか

「その前に、起業して社長になっていくとはどういうことか話しておくね」

と、メンターから次のようなお話をしていただきました。

一般的な会社員にとって給料とはどういうものでしょうか？

簡潔に言うと、「会社に行って、仕事をすれば、どんな結果であろうが必ずもらえるもの」

といえます。

しかし、社長にとっては、給料は「働けば必ず入るもの」ではありません。成果を出し、モノやサービスが売れてはじめて、収入が得られるのです。

そうしたリスクがあるからこそ、成果が出た時の取り分が大きくなり、事業が発展すればするほど収入も制限なく増えていきます。

雑誌『フォーブス』などが発表している長者番付を見ればわかりますが、上位に君臨するのはすべて経営者です。起業という道を選択すると、普通に生きてきるだけでは到底築

けないような資産を得られる可能性があるのです。

ただ、もし仕事で失敗をしても、誰も守ってくれません。むしろ社員がいれば、その社員の失敗もすべて経営者が負わねばならないというリスクが伴います。

一方で、何をするにも上司の顔色をうかがわなければならないといった、組織内のストレスからは解放されるのです。

また、起業家は健康管理には特に注意を払う必要があります。なぜなら、起業家には休業補償も有給休暇もないからです。休んだぶんだけ仕事に支障が出るのであれば、風邪を引いたくらいでは休むわけにはいかなくなります。特に立ち上げの時期はなおさらです。

しかし、事業が軌道に乗り、自分がいなくても仕事がまわり会社の利益が上がるのであれば、疲れたからと昼寝をしたり、息抜きに南の島に飛んだりしても問題はありません。

結論、事業が軌道に乗るまでは休んでなんかいられないのです。

成功には美味しい話なんてありません。とてつもない努力、ハードワークが必要なのです。

会社員をしながら、休みや空いた時間を使って週末起業から立ち上げる。と聞いた時、人によって、空いた時間を使ってマイペースに少しずつビジネスを立ち上げていけば成功すると思う人もいるかもしれません。

しかし、そんな甘い話はないのです。

起業には、次の5つの覚悟が求められます。

①あなたには年中無休でハードワークする覚悟がありますか？

週末起業で立ち上げていくということは、平日は会社員の仕事をし、休みの日は事業を立ち上げていくための仕事をする。年中無休でハードワークする覚悟が必要です。

②あなたにはイヤなことでも、嫌いなことでも、何でもする覚悟はありますか？

また、好きなことばっかりやっていても成功はできません。

これはしたくないな、イヤだな、嫌いだな、苦手だな、ウッとくるな、ということもしなくてはなりません。

③あなたには時間とお金の使い道の優先順位をガラッと変えていく覚悟はありますか？

普通の人は時間とお金を遊びや自分の好きなことに使うことが多いでしょう。

しかし、起業していくのであれば、時間とお金を起業に使っていく必要があります。

時間とお金の使い道の優先順位を普通の人とは違うように変えていく必要があるのです。

④あなたにはどんな反対にも屈せずに、チャレンジし続ける覚悟はありますか？

両親や友達に起業するなんて言ったら、絶対に反対されるでしょう。

⑤あなたには成功するまで継続する覚悟はありますか？

結局は諦めた人が失敗で、成功するまで継続する人は必ず成功します。

「中野君にこの5つの覚悟があるのであれば、僕も全力でサポートする。ただ覚悟がないのであれば、難しいね」

と言われました。

私はドキドキしながらも、

「覚悟あります！　教わったことを実践し、成功するまで継続することを約束します！」

と答えると、

「ＯＫ。君は言ったことをちゃんとやってきた。そして覚悟も決めた。メンターと弟子の間には契約なんかは特にない、口約束だ。お互いに言ったことを守るしかない。私は君を全力でアシストすることを約束するよ。」

無事にＯＫをいただき、ここからが私の起業の第一歩でした。


あなたにこの５つの覚悟があるのであれば、次の項目にお進みください。

覚悟がないのであれば、起業は諦めてください。

Rule 3

４つのクワドラントとは？──ＥＳＢＩの概念

「中野君は『金持ち父さん貧乏父さん』と『金持ち父さんのキャッシュフロー・クワドラント』は読んでいるだろうから、世の中には４つの働き方があるのはもう知っていると思うけど、もう一度おさらいしておこう。

経営者であればほぼ全員が知っている概念で、今では会話のスタンダードにもなっているからね」

と、メンターからＥＳＢＩの概念のおさらいをしていただきました。あなたも、ご存知とは思いますが、復習しておきましょう。

次ページの図を見てください。

ＥクワドラントはEmployee（従業員）
ＳクワドラントはSelf-Employed（自営業者）
ＢクワドラントはBusiness　Owner（ビジネスオーナー）
ＩクワドラントはInvestor（投資家）

Employee （従業員）	Business Owner （ビジネスオーナー）
Self-Employed （自営業者）	Investor （投資家）

4つのクワドラント

お金がどこから入ってくるかによってどこに属するかが決まります。

会社の業務時間で縛られているサラリーマンや、時給で働くアルバイトなど、世の中のほとんどの人は給料が主な収入源であるEクワドラントの従業員です。

また、自分自身の能力と時間を使うことで稼いでいる近所の居酒屋さんや、ラーメン屋さんなどの店主や、フリーランス、自分の雇い主は自分だという小さな会社の社長はSクワドラントの自営業者です。

これは、稼ぐお金が大きいか小さいか

とは関係ありません。

「お金持ちになるには、クワドラントの左側ではなく、右側に行かなければならない」と単純に考える人もいますが、クワドラントの左側であるEやSの立場にいても、お金持ちになることは可能です。

高給取りであるエリートサラリーマンであるEや、自分自身の高い能力をお金に換えているといえるアーティストやプロスポーツ選手などのSの人々です。

ただし、彼らがやっているのは、どこまでいっても「時間の切り売り」です。

仕事をしなくなったら、怪我などで自分の能力を行使できなくなったら、収入は止まってしまいます。

たとえば、高額所得で憧れの職業でもある医者や弁護士も、EやSです。

従業員としての医者や弁護士も、開業している医者や弁護士も、自分がそこにいて仕事をしなければ収入が発生しません。

これに対して**クワドラントの右側は、「自分がその場にいなくても、あるいは自分が直接働いていなくてもお金が生み出せる」というのが特徴**です。

Bクワドラントのビジネスオーナーは従業員やビジネスの仕組みに働いてもらいます。

そして、Iクワドラントの投資家は人や仕組みではなく「お金」に働いてもらうのです。

それぞれのクワドラントの特徴をもう少し詳しくみていきましょう。

①Eクワドラント（従業員）

お金（給料）を会社などからもらっている人が、このクワドラントに属している人です。

給料・時給は一定で、10働いたとしたら、10の対価をもらうことができます。

わかりやすく説明すると、時給1000円で週5日8時間働いたとしたらもらえる給料は月16万円となりますし、月の給料が25万円と決まっていれば、その給料であなたの一ヵ月の時間を会社は買っているといえます。

また、Eクワドラントの人は他の誰かに代替することが可能です。急に休んだとしても、誰かしらがその仕事を代わりに行えるように仕事がマニュアル化されていたりします。

稼げる額に上限が存在するのもEクワドラントの特徴です。

例えばあなたが24時間365日を時給1500円で働けたとしたら、年収は1314万円です。

しかし、自由な時間はほとんどなく、心身ともに壊してしまう可能性があります。

また、資格取得や昇進を目指します。資格を取ったり、出世すれば今よりも豊かになれるはずだと考えています。

もしくは、もっと条件のいい、年収のより高いところや、福利厚生の充実した会社に転職すれば幸せになれるはずだと考えています。

もちろん、今より上を目指したり、条件の良い職場に移ることは良いことだと思います。

ただ、昇進してもキャッシュフロー（毎月残るお金）はほぼ変わらない現実があります。

また転職はEクワドラントからEクワドラントに替えるということなので、転職をすれば人生が大激変するということはないと思います。

もし仕事をしなくなった、もしくはできなくなったとしたら、あなたはあと何日生き延びられますか？　計算したことはありますか？

是非計算してみましょう。

貯金÷（支出─仕組みからの収入）＝生き延びられる期間

といった計算式です。ＢやＩの収入がない人は仕組みからの収入は０です。

例）貯金２００万÷（支出20万円―仕組みからの収入０）＝10ヶ月

となります。

いくら高給取りになっても、働けなくなったり、給料が止まればどうしようもありません。

「安全」「安定」「保証」という言葉をＥクワドラントの人は好みますが、今の時代、Ｅクワドラントに「安全」「安定」「保証」はあると思いますか？

②Ｓクワドラント（自営業）

お金を自分で稼いで、自分を養っている状態の人が、Ｓクワドラントに属している人です。

給料は一定ではなく、かける時間や能力によっては、10働いて20以上の対価をもらうことも可能です。

「起業」というと、一般的にSクワドラントを連想する方が多いかもしれません。
Eクワドラントの特徴と同じで、自分が動かなくなると稼ぎはゼロになります。常に自分で動き続け、自分で稼ぎ続けないと収入が入らず、一度でも大きな事故（病気・交通事故など）で動けなくなった時に収入がゼロになるのです。

「人に使われるのは嫌だ」「自分のやりたいことをしたい」という人が多いです。

他者との能力差をつければつけるほど収入が上がりやすく、特殊なスキルや能力が必要なことも多いので、必然的に「代わりがいないから、自分がそこにいなければならない」ということになります。

そして、自分の仕事を代わりにやってもらうために人を雇うことがなかなかできません。その仕事をきちんとこなせる人は自分以外にいないと思っているからです。

また、Sクワドラントの人が誰かに自分の仕事を教えた場合、教えを受けた人も同じように独立することが多いのも特徴です。Sクワドラントの人の多くが他人を雇ったり教育することにあまり熱心ではないのは、仕事を覚えた人が最終的には競争相手となるからです。

だから結局、Sクワドラントの人は一人でせっせと働き、何でも自分でやり続ける。

売上を上げれば自由になれると思って売上を上げても、さらに忙しくなり、自分の時間がなくなるという悪循環に陥ってしまうことがあります。

③Bクワドラント（ビジネスオーナー）

ビジネスを立ち上げて仕組みからお金を得ている状態の人が、Bクワドラントに属している人です。

ビジネスの立ち上げにかかる時間に対して、得られる対価はとてつもなく大きくなり、1以下の働きで100以上の対価を得ています。

なぜこのような比率が可能になるのかというと、Bクワドラントの人は人を雇ったり、協力者やチームを作ることで「時間・お金のレバレッジ」を使うことができるからです。

例えば、あるビジネスを思いついて、もしくはビジネスチャンスを手にして、まずは自分で運営してみます。すると、10働いて30の対価を得ることができました。

そこでこのビジネスをビジネスパートナーや他の人にも提供していき、得られた対価の30％を受け取る契約を結びます。

そして、20人のビジネスパートナーやチームといった協力者が増えたとすると、30×30％×20人＝１８０の対価を1以下の働きで手にすることができるのです。

レバレッジとは「てこの原理」ともいわれ、少ないモノ（時間・お金・行動など）で大きなモノ（時間・お金・対価など）に作用する仕組みのことをいいます。お金持ちはこのレバレッジの力を最大限に使うことを常に考えて行動をしています。

Sクワドラントは、自分だけが頑張るという意味で、1馬力といえます。自分の専門性を高めて、自分がスーパーマンになるという発想です。

Bクワドラントはスーパーマンを雇う・手を組むという発想です。たくさんの協力者、チームを作って、レバレッジを効かせていくのです。

ビジネスオーナーの仕事は、専門知識を持っている人を雇って、仕組みを創り出していくことです。製品が良い、アイデアが素晴らしいというだけではEやSクワドラントで終わってしまいます。

よく「マクドナルドよりも美味しいハンバーガーを作ることができますか」と質問すると、「できます」と答えが返ってきます。材料にこだわり、マクドナルドよりも品質の良いハンバーガーを作ることができるというのです。

しかし、「あなたはマクドナルドよりも優れたビジネスシステムを作ることができますか」と質問すると、答えはNOになります。マクドナルドよりも美味しいハンバーガーを作れたとしてもそれを世界中に何億個も提供する為のシステムを作ることは難しいのです。

Bクワドラントの人たちは自分がいなくてもお金が生まれてくるような「仕組み」を持っています。その仕組みを上手くまわす為に優秀な人材を集め、自分のまわりを固めるのです。

仕事を他人に任せるのが嫌いな（自分よりうまくできる人はいないと思っているから）Sクワドラントとは正反対に、Bクワドラントはそうするのが好きなのです。

Bクワドラントは優秀な人とチームを組み、「仕事」ではなく「仕組み」を持つ、もしくは作るという考え方なのです。

④Iクワドラント（投資家）

お金を有望な会社・ビジネス・投資対象に投資することでお金を得ている状態の人が、Iクワドラントに属する人です。

資産を買うことがIクワドラントの人がする行動で、基本的にお金を提供することでお金を得ています。たまに誤解している人がいるのですが、単純に株やFXをやることがIクワドラントではありません。

ロバート・キヨサキ氏は、「一般的なFXや株は、ギャンブルにすぎない」と言っています。彼が言う「投資家」とは、ウォーレン・バフェット級の、億単位の資産を動かす「投資家」を指します。

私がメンターから教えてもらったIクワドラントの定義はこうです。

「Iクワドラントの参入条件は、

- **万が一なくなっても大丈夫なお金が5000万円以上あること**
- **年間のプラスのキャッシュフローが3000万円以上あること**

だよ。

少額の株やＦＸは投資ではなく投機だよね。つまりギャンブルに近いといえる。毎朝情報を仕入れたり、画面に張り付いて売ったり買ったりしている時点で労働が伴うよね。売買は卸値で買って小売値で売っている店主と同じ。それはＳクワドラントになるよね。真のＩクワドラントは株を長期で保有して、その配当を得る人。もしくは、不動産を区分所有ではなく一棟で購入して家賃収入を得る人のことだよね」

たしかに、株価や為替は管理下にありません。

少額の株やＦＸをするよりは、そのお金を自分磨きのために自己投資をした方がいいと思います。

Rule 4

まずはB、そしてIクワドラントへ！

あなたは安定を求めますか？　自由を求めますか？

EとSの左側の原動力は安定を求める気持ちであるのに対し、BとIの右側の原動力は自由を求める気持ちなのです。

また、同じ自営業者、社長業でも、SクワドラントとBクワドラントでは大きく違います。

起業とイメージしたときに、多くの人はSクワドラントを想像しがちですが、SとBでは同じ起業でも明確に違います。

あなたが経済的にも時間的にも自由になりたいのであれば、まずはビジネスオーナーになることなのです。

ではなぜ、人口のうち90％がキャッシュフロー・クワドラントの左側で働いているのでしょうか？

主な理由は、学校で習うのが左側についてだからでしょう。産業時代に一般的になった筋書き通りに人生を送る方が多いようです。

私が知っている限りでも、自由と幸せを求めている人はたくさんいます。問題は、たいていの人がBやIのクワドラントで活動するための訓練を受けていないことです。

・この訓練が不足していること。
・安定した仕事を求めるように頭にしっかりインプットされていること。
・借金がどんどん増えていくこと。

このようなことが足かせとなって、多くの人がキャッシュフロー・クワドラントの左側だけで経済的自由を探そうとしています。

残念なことに、EやSのクワドラントでは経済的な安定や時間的な自由はめったに見つからないかもしれません。本当の安定や自由は右側のクワドラントにあるのです。

実際のところ、あなたの勤めている会社の社長の仕事は、あなたを金持ちにすることではありません。社長の仕事は、あなたがきちんと給料をもらえるようにすることです。

あなたを金持ちにするのは「あなたの仕事」なのです。

「金持ちと貧乏人の唯一の違いは、暇な時間に何をするか」だと『金持ち父さん』は言っています。

現代人は一昔前の人間よりずっと忙しくなっていて、自分の自由になる時間がどんどん減っています。それは承知の上です。

でも、どうせ忙しくするのなら、キャッシュフロー・クワドラントの右と左の両方で忙しくすることを、私はお勧めしたいのです。

そうすれば、将来、より多くの自由な時間とより大きな経済的自由を得ることができる可能性が増えます。

私も24歳から27歳までの3年間は会社員をしながら、メンターの起業塾でBクワドラントへの行き方を学び、そして実践をしました。右と左の両方のクワドラントで一生懸命仕事をし、忙しくしたのです。

もちろん、会社で仕事をしている時は一生懸命働きましょう。

仕事が終わってから、給料と余暇を使って何をするかがあなたの将来を決めるのです。

キャッシュフロー・クワドラントの左側だけで一生懸命働いている人は、いつまでもそれを続けることになりますが、右側で一生懸命働いている人には、自由を見つけるチャンスが与えられます。

あなたがもしEやSの方で、右側のクワドラントに移りたいのであれば、まずはBに行くことをおすすめします。

「でも、私はすぐに投資家になりたいんです」と言う人もいるでしょう。たっぷりお金があって、時間も十分にあるのなら、最初からIクワドラントを目指すのもありかもしれません。しかし、十分なお金と時間がない場合は、まずはBに行くことの方が安全です。

私が、まずBクワドラントに行くことをおすすめする理由は以下です。

①経験と教育を積み重ねることができる

まずはじめにBクワドラントで成功すれば、優秀なIになれるチャンスが増えます。

Bクワドラントで経験を積み、しっかりしたビジネス感覚が養われれば、よりよい投資家になれます。なぜなら、よいビジネスを見分ける力がつくからです。

真の投資家はしっかりしたビジネスシステムを持った、成功しているビジネスに投資します。

②余裕なキャッシュフローで戦える

ビジネスを自分で立ち上げ、それを軌道に乗せることができれば、変化の激しいIクワドラントの世界で生き残るために必要な時間とキャッシュフローが確保できます。

EやSのクワドラントに属する人で、余裕な資金がまったくなくて、損をする可能性があることなんて何もできないという人はたくさんいます。

そういう人は車でいえば、エンジンが焼け付くギリギリの「レッドゾーン」でやりくりしているので、市場が大きく一揺れしたらすっからかんになってしまうのです。

投資には十分な資本と知識が必要です。必要な知識を手に入れるために相当のお金と時間が必要だという場合もよくあります。

いま成功している投資家も、お金を儲けられるようになるまでには何度も失敗しているのです。そういえば、私のメンターも投資をはじめた時に3日で6000万なくなったと言っていました。

どんな分野でも、成功を収めた人は、成功から学ぶことは少ないということを知っています。人は失敗から学ぶのです。

そして、Iクワドラントでは失敗には損がついてきます。

知識も資本もない人が投資家になろうとするのは、自滅の道を歩むのと同じなのです。まずBクワドラントで成功するための知識、価値観、技術を身につけるのです。そうすれば、よい投資家になるために必要なキャッシュフローが確保できます。

Bとしてあなたが築き上げたビジネスは、よい投資家になるための経験と教育を身につける間、あなたを支えるお金をもたらしてくれます。

Eクワドラント、Sクワドラントの人はまずはBクワドラントに移り、そこで作ったお金をIクワドラントに投資をしていく。

最終的にはBとIの掛け算をしていくと、真の自由を手に入れることができるのです。

Rule 5

あなたはバケツで水を運び続けますか？ パイプラインを作りますか？

私はメンターに弟子入りしたときに、一番初めに「バケツ運びとパイプライン」の話をしていただきました。

これは『金持ち父さんのキャッシュフロー・クワドラント』にも出てくる例え話です。

メンターがわかりやすくお話ししてくれたのは次のようなお話です。

ある村にAさんとBさんがいました。

どちらの青年もしっかりとした収入を稼ぎたいと考えていました。

ある時、村に仕事の募集がありました。２人は迷わずそれに応募しその権利を獲得します。

その仕事とは川に水を汲みに行って村に水を運ぶというものでした。

２人とも鉄のバケツを２つ買ってきて、川に向かって駆け出し、せっせと水を運び始めました。

こうして毎日朝から晩まで2つのバケツで水を運び続けた2人のもとには、すぐにお金が入ってきました。

2人は運んできた水を、村の人たちが作った大きなコンクリートのタンクに流し込みました。毎朝2人は村の誰よりも早く起き、必要なだけの水がいつもタンクの中にあるようにしなければならなかったのです。

つらい仕事だったが、お金が入ってくるのが嬉しかったし、2人ともこの契約を勝ち取れたことを喜んでいました。

しかし、ある時Bさんは、このままバケツ運びだけずっとしていくには、体力的にも限界があるし、体を壊したら収入は止まるし、稼げるお金も上限があるよなと思いました。

そして、Bさんはパイプラインを引こうと思い立ち、Aさんに言いました。

「パイプラインを引くことができれば、もう毎日水を汲みにいく必要はない。俺たちも、村のみんなも、自由に暮らせるはずだ」と。

Aさんは怒って、Bさんを非難しました。

「そんなことができるはずがない。失敗したらどうするんだ。そんな夢みたいなこと言うなよ。今よりも頑張ってバケツを運べば、いつか良くなるはずなんだ」と。

Aさんは、さらに一生懸命働き、水を運ぶ技術を高め、より大きなバケツを運べるようになりました。しかし、毎日水を運ぶという重労働の日々が変わることはありませんでした。

Bさんは、バケツで水を運ぶという従来の働き方はしながらも、それ以外の時間を使って、パイプラインを引き始めました。毎日どれだけ頑張ったとしても、開通しない限りは水が出ることはありません。もちろん、すぐにパイプラインがひけたわけではありません。半年経ってもBさんの成果は何も生まれていませんでした。

パイプラインを引くことは、思った以上にとても根気と忍耐のいることでした。疲労と不安にかられる、先の見えない暗いトンネルを進むような日々。しかし、空いた時間を使ってコツコツとパイプラインを繋げていったのです。

パイプラインが開通した後のことをイメージすると、情熱を燃やし続けることができました。

1年後、ついに、その時が訪れました。Bさんのパイプラインが開通したのです！これまで頑張ってきた努力が報われた瞬間です。村人は大喜びでBさんを迎え入れました。

一方、Aさんは負けじと筋トレを行い、バケツを4個同時に運ぶ技術を身につけ、さらに多くの水を運びました。しかし、酷使しすぎたばっかりに、身体を壊してしまいました。

日々の労働から解放されたBさんは、経済的自由と時間的自由を手に入れました。そして、パイプラインを引く間に経験したたくさんの知恵とノウハウを手に、その方法を他の村にも広めてまわろうと思いました。

そうして他の村々からも喜ばれ、その対価として、Bさんが実際に身体を動かして働かなくても、世界中で何百万人という人が1日にバケツ何杯分もの水を使い、そこから入るお金がすべてBさんの銀行口座に流れ込みました。

Bさんは村に水を運ぶパイプラインを建設すると同時に、自分のところにお金を流し込むパイプラインも作っていたのです。

Bさんはそれからずっと幸せに暮らし、Aさんはずっと必死に働き続け、お金に苦労する生活を続けましたとさ。おしまい。


このAさんとBさんの話は、私の行動の指針になっています。

私はまさにこの「パイプラインを作るために努力する」という道をたどってきたのです。

24歳の時に、メンターからこの話を聞き、**人生のパイプラインを作ろう**と決めました。

特に、「努力が後に残る」ということにとてつもなく魅力を感じました。すぐには得られなくても、努力をしたことが積み重なって、その先に自由がある。このことが、この上ない価値だと感じました。

ましてや、会社員時代の私は24時まで残業をする日々でしたから、バケツを人よりも2倍の時間運んでいたようなものです。

残業していた分を減らして、パイプラインを引くことに費やす時間に変えたのです。

トータルで頑張っている時間はさほど変わりませんでしたが、そこから人生の角度は大きく変わっていきました。

『今やっている仕事、もしくはこれからやろうとしている仕事は、バケツ運びをしようとしているのか、パイプラインを繋ごうとしているのか？』
『私は【懸命】に働いているのか、それとも【賢明】に働いているのか？』

起業の道に進むのであれば、あなたも常にこの質問を自問自答してください。

起業の道はなかなか結果が出ない時期があります、その時に、ついついバケツ運びのほうがいいんじゃないかと思ってしまうことがあります。バケツ運びはすぐにお金が入ってくるからです。

パイプラインは完成するまでお金が入ってきません。お金が出るばかりの場合があります。

でも、その投資がいつか身を結ぶと信じて動き続ける必要があるのです。

Rule 6

起業はハイリスクなの？

では実際のところ、両親や友達はどうして起業に反対するのでしょうか？

私たちは社会に出るまでに、会社員になるのが当たり前、という常識が刷り込まれています。あなたもどこかで、起業後5年間の倒産率が90％というデータを見せられた記憶はありませんか？　無条件にこの数字だけを見せられたら、起業は厳しい世界だと子どもでも理解できます。食べていけなくなる、職業を失って惨めな思いをする、そういったイメージが強化され、起業という選択肢を無意識に避けるようになるのです。

会社員になるのが当たり前という常識は、誰にとって都合のいい常識なのでしょうか？それは国です。国は、事業主よりも会社員が多いほうが、税金が取りやすいのです。

私はメンターに、

「商売や起業は危険じゃないんですか？　リスキーじゃないんですか？」

と聞きました。

「中野君の勤めている会社は誰かの商売がもとになっている会社じゃないの？　誰かが起業したんだよね？　じゃあ、中野君の会社も危ないし、リスキーなんじゃないの？」

と言われ、ハッとしました。

実際に、その十数年後に私が勤めていた大企業は倒産しかけて、海外の企業に買収され、リストラをたくさんしています。

自分の勤めている会社だけは大丈夫と思っている人は多いです。

本当にそうでしょうか？　あなたの勤めている会社だけは安全なのでしょうか？

今や、会社の平均寿命は30年から20年へと、どんどん短くなってきています。

大企業も例外ではありません。大企業は最悪倒産しなかったとしても、リストラは平気でします。いや、大企業だからこそ、大胆なリストラに踏み切ります。

大企業であればあるほど会社を守る力が働き、社員を見殺しにするのです。

それでも大企業って、安定しているといえますかね……？

昔は大型客船に乗っていれば、無事に人生のゴールまで連れて行ってくれたのかもしれません。

しかし、今や沈まない船はないのです。

絶対に安全な船がないなら、小さくてもいいから自分でボートを作っている人のほうが安全とは思いませんか？

自分でゼロからボートを作れる人は、そのボートが沈んでしまってもまた作れるのです。他の人を救うこともできるかもしれません。

大型客船に乗っていただけで、自分でボートを作ったことがない人は、いざ船が沈んだ時にボートを作れないのです。

これまでの常識というのは、一生懸命勉強して、いい大学を出て、大企業という大型客船に乗れば、一生安泰という常識だったかもしれません。

女性であれば、船＝結婚相手と読み換えられるかもしれません。

昔は結婚したら一生添い遂げ、女性は養ってもらって当たり前とされてきました。

しかし今や専業主婦はごく一部です。

3組に1組が離婚する時代です。女性も経済力をつけないと離婚後困窮してしまいます。

今の時代は、**小さくてもいいから自分のボートを作れる力をつけることが、一番リスクが低い**のです。

そして、私がメンターに教わり実践したことは、会社員をしながら週末起業で立ち上げることです。それだとさらにリスクを低くおさえることができます。もちろんノーリスクなんてことはありませんが、いきなり会社員を辞めて起業するよりはリスクが低いのです。

ただし、起業のしかたによっては、EクワドラントからSクワドラントで止まってしまうこともありますし、EクワドラントからSクワドラントを通り、Bクワドラントまでいける起業のしかたもあります。

それは、Sクワドラントのメンターに学ぶか、Bクワドラントのメンターに学ぶかによって変わってくるのです。

なので、あなたがBクワドラントに行きたいのであれば、Bクワドラントのメンターから学ぶようにしてください。

Rule 7 具体的にどうすればいいのかわからないから不安

なぜ、起業にはそれほど「ハイリスク」なイメージばかりが広まっているのでしょうか？

たしかに、起業にはある程度のリスクが伴いますが、前項で書いたように、会社員でいることにも、リスクはあります。

副業として立ち上げたり、今であればクラウドファンディングなどでスモールスタートし、リスクを抑える方法はいくつもあります。

また、いきなり億単位の資本金を用意しなければならないならいざ知らず、現在では資本金1円でも株式会社を作ることができ、やり方によっては、そこまでダメージを負わずに撤退も可能です。

そうした状況にもかかわらず、リスクばかりに目がいってしまう一番の理由は、「**漠然とした不安**」でしょう。

起業をしようとしても、最初は何から手をつけたらいいのかよくわかりません。

資金はいくら用意したらいいのか。スタートアップの段階でどれほどの人材が必要なのか。経理は？　登記は？　会社の場所は？　考えるべきことは多いのに、自分には右も左もわからない。不安ばかりが募ります。

こうした「わからない状態」こそが、起業の足かせになっているケースが非常に多くあります。

そして、人間の心理として、漠然とした不安を持った状態では、将来の可能性や成功といったポジティブな面よりも、借金や失敗するリスクなどのネガティブな面に目が向いてしまいます。

その結果「起業＝ハイリスク」というイメージが先行していると思われるのです。

インターネットで検索をかければ、起業に関する多くの情報にアクセスすることはできます。ですが、私の経験上、それらの情報は玉石混交であり、理論ばかりが先行して、現実とはまったくそぐわないような情報がたくさんあるのです。

それらに惑わされず、現実に即した実践的な起業のしかたを学ぶために、まずはメンターが必要なのです。

私は、メンターから週末起業で立ち上げることのメリットを聞き、私も会社員をしながら週末起業で立ち上げていきたいと思いました。

ただ、具体的にどうやって週末起業を立ち上げていったらいいのかわからないので不安がありましたが、

「クワドラントの左側にいる人がクワドラントの右側に移るには、〈不安〉や〈恐怖〉という高いハードルが待ち構えている。だが、具体的に教わることができるメンターがいて、実践に即した勉強会があったり、そこで学んで実績を出している先輩方がいて、その先輩方にも聞くことができたら、その不安は解決できるんだよ」

とメンターに言われ、安心したのを今でも覚えています。

そして、メンターと先輩方がいて、勉強会があるなら、あとは私の努力次第だなと思ったのです。


クワドラントの左側と右側の間には乗り越えるべき壁があります。その壁を乗り越えることに、人は躊躇してしまうのです。

理由は、クワドラントの左側にいる人たちは、「時間を使ってお金をもらう」という生活しか知らないからです。

これに対して、壁の向こう側、**クワドラントの右側では、「まずお金を出す」ことから始めなければなりません**。ビジネスを興すにしても、投資を始めるにしても、最初にするのはお金をもらうことではなく、出すこと。ここに恐怖を感じてしまうのです。

EとSは「お金をもらう」↓「使う」↓「なくなる」
BとIは「お金を出す」↓「増やす」↓「使う」

なのです。

たしかにかつては、起業や投資はある種の「冒険」と見られていました。
しかしそれは、「クワドラントの左側にいれば安定した生活が送れる」時代だったからです。今は違います。

「自由に時間を使えたらいいな」
「好きな時に旅行に行きたいな」
「好きなように仕事ができたらいいな」

会社を興したり、投資をしたりしてそれらを手に入れることは夢のまた夢。かつて、クワドラントの右側はそんな「憧れ」の象徴でした。

対するクワドラントの左側は、いつもと変わらぬ「日常」です。

人間は快楽よりも痛みをより強く感じるものです。夢よりも目の前の現実を選択し、快楽よりはお金を先に払う痛みを避けようとするのです。

しかし今、私たちが感じるべき本当の痛みとは、クワドラントの左側に居続けるということなのかもしれません。

私はメンターにこう言われました。

「何かをすることにはリスクがつきまとう。でも、**何もしないことにもリスクはつきまとうんだよ**」

クワドラントの左側に居続けるということは、まさにこの何もしないことによるリスクなのではないでしょうか？　私は起業に向けてアクションを起こすことによるリスクを負い、Eクワドラントから B クワドラントへと、壁を乗り越え移動しました。

当時の私の同僚は、「この会社にいれば安定しているんだから、そんなリスクは冒せない」といって、何もしないという選択をしました。そして、その、何もしないことによるリスクとして、その会社のリストラにより職を失い、再就職はしたものの給料がだいぶ下がり、住宅ローンがある中で路頭に迷っています。

国の経済政策に運命を託すこと、収入源を一つの勤務先だけに頼っていること、クワドラントの壁を乗り越えないことがとても危ない時代になってきています。

新しいことを始める際に感じる漠然とした不安や恐怖よりも、今現在、日本が置かれている現実的な恐怖の方が勝ってきているのです。

だから現在、私のもとには、起業を目指す人たちが多く集まってきているのです。

あなたも私たちと一緒にクワドラントの壁を乗り越えませんか？

乗り越える気がある人だけ、次の章にお進みください。

第2章

人生を変える存在〈メンター〉

Rule 8

メンターの見つけ方

あなたにとってのメンターはどうすれば見つかるのでしょうか？

正直なところ、これはご縁でしかありません。

あなたが日々のご縁を大事にしているかが重要になります。

特にリアルで会うことができる方とのご縁です。


今はＳＮＳやネット上にはたくさんの成功者や成功する方法を教えてくれる学校や講座などがあります。

その中には、もちろん成功している方もいると思います。

が、本人は成功していないのに、成功の方法を教えている人もいるのは事実です。ＳＮＳやネットでは嘘をつけるのです。私のお弟子さんでも、そういう偽者に引っかかって、損した人がいます。


しかし、リアルで会える方で、その方の乗っている車や住んでいる家や、出店しているお店などを見ることができれば、本物の成功者かどうかがわかります。

そして、あなたはバカじゃないでしょうから、会って話をすれば、その人が本当に成果を出している人かどうか肌で感じることができると思います。

きっかけはリアルのご縁でも、ネットのご縁でもいいのですが、最終的に**リアルで会える人**であるというのは大事です。

また、私が思うメンターの理想像は、

・EやSをしながらダブルワークで立ちあげてBクワドラントに移った人
・はじめはお金を持っていなかった人
・学びの場や勉強会を用意している人
・すでにお弟子さんがいて、お弟子さんにもビジネスオーナーがいること
・努力すれば真似ができること（再現性があること）

です。

私のメンターは友達のさらにその友達の知り合いでした。はじめは赤の他人です。

そういう人がいるという噂を聞いて紹介をお願いし、セッティングしていただきました。

生きてきたなかで、Sクワドラントの方との出会いはありましたが、ビジネスオーナーと出会ったのは24年間で初めてでした。

このご縁というチャンスを逃したら、次にビジネスオーナーとのご縁は48歳までないかもしれないと思い、初対面で教えてくださいとお願いしました。


私がビジネスオーナーになってからはビジネスオーナーとのご縁はたくさんありますが、24歳までの人脈からのご縁で得たビジネスオーナーとの出会いは、いまだに私のメンター以外はありません。

あの時チャンスを掴み取っていなければ、今の結果はないと思います。

チャンスを掴み取った自分自身を褒めてあげたいです。

あなたもご縁を大事にし、ビジネスオーナーとの出会いがあれば、そのチャンスを掴み取ってください。


そして関係を築いていくのです。

Rule 9

「いい応援者」になろう

メンターと弟子の関係と一言で言ってもいろんな形があると思います。

私の場合、メンターにコンサル費用や月謝を払えと言われたことがありません。

勉強会は会場を借りてやるので、その会場費をみんなで割った参加費や勉強会を運営していく運営費用などはもちろんかかります。しかし、メンターに直接的にお金を払ったことがないのです。

なのに、教えていただくのに個人的にたくさんの時間をいただきましたし、たくさんメールや電話をさせていただき、質問にも答えていただきました。

お金がない頃はお茶やご飯をたくさんご馳走していただきましたし、旅行までゴチになったことがあります。

もちろんコンサル費用や月謝を払ってメンターになってもらうこともあるでしょうし、それが悪い訳ではありません。

というか、教わるのだから、何かしらの対価を払うのは当たり前だと思います。

・「マネジメントの神様」ピーター・ドラッカーの晩年は時給４０００万円。
・世界一のコーチ、アンソニー・ロビンズは1回30分の電話コーチング12回で1億円。しかも3年待ち。
・YouTuberのラファエル氏は月2回2時間の会議で４００万円。
・鴨頭氏は講演1回で３００万円。６時間の研修は４００万円以上。個人コンサルの場合1回3時間で１２０万円だとか。
・（一説によると）大前研一氏の個人コンサルは60分６００万円。
・「オマハの賢人」ウォーレン・バフェットとランチを一緒にする権利は、チャリティーオークションで約４億円で落札。

一流に学ぶにはそれ相応の金額がかかるのです。

ここまでではなくとも、例えば、
・人気有名校のＭＢＡを取るためには2年で６００万円ほどかかるといわれています。月に25万円です。

・年収３０００万の経営者にコンサルとして1時間取ってもらうのに、かなり安くしてもらって時給２万円としましょう。私の場合、毎日電話とメールをさせていただきました、ミーティングしていただく時間も取ってもらいましたから、月に15時間として30万円です。

・セミナー講師として来ていただくのに、これもかなり安くしてもらって、セミナー１回あたり40万円ほどの講師料として、20人で割って１人２万円、月に5回で10万円です。

・私の場合、メンターのメンター、兄弟弟子にもたくさんの時間を取っていただき、アドバイスもいただきました。そういったコンサルティングチームを雇ったとしたら、１人月に25万円という低料金だとしても３人で75万円です。

月額合計１４０万円かかる計算になります。

ですので、あなたがメンターを持つのであれば、それ相応の対価を払う覚悟は必要です。しかも、**対価を払っても、結果が出るかどうかはあなたの頑張り次第**です。どれだけメンターに教わることができたとしても行動するのはあなただからです。

あなたが行動しなければ、結果は出ません。

また、あなたがメンターの教えを素直に聞かなければ、これまた結果が出ません。すべて自己責任です。

この自己責任の概念が薄い人は成功しません。


私の場合、手厚いサポートをいただきましたが、毎月140万円も払う必要がありませんでした。

しかし、そこに甘えてはいけないと思い、メンターが扱っている商品やサービスがあれば、積極的に使おう、応援しようと行動しました。

メンターの応援者、アンバサダーになろうと思って行動しました。

メンターのお役に立とうと思い、積極的にお仕事のお手伝いをさせていただきました。

もちろん、そのお手伝いをすることが私の学びにもなりました。

与えてもらってばかりでは成功しません。


成功者は先に与える人です。

人生で成功する秘訣のうちの一つは応援される人になることです。まわりの人の応援なくしては、試練や困難を乗り越えることも、成功もないと思います。
人は一人では生きられません。人は誰かに支えられ、応援されて、生きています。

そして、そんな応援される人になるためには、まず、自分がたくさんの人を応援する人になることです。

あなたの大切な人、それはお世話になっているメンターも含めて、大好きな仲間を応援する人になることです。

「いつも応援してくれているAさんだから、自分も応援しよう」
という気持ちになりませんか？
これは、貸し借りとか損得勘定を超えた人と人との間に生まれる自然な感情です。
もちろん、応援とは、見返りを求めての行為ではなく、それ自体が自分の喜びとなる行為です。

しかし、自分を応援してくれるという行動を通じて、自分に関心を持ってくれているAさん、自分を認めてくれているAさん、自分を尊重してくれているAさん、そのような

「Aさんという人」の力になりたい、という気持ちが自然と湧いてくるのです。

人を応援することから、たくさんのことに気づき、学び、成長があります。

「いい応援者」になる。そして、想いは行為です。

応援してるよ、と言葉でどれだけ言っていても、行動を伴わなければ思っていないのと同じです。

一方で、口では「応援するから」といってもいざとなると何もしない人、

「応援してやってるんだけどさあ」と自分のことをひけらかす人。

批判をしたり足を引っ張ったりする人。

このような人には、応援しようという気持ちはあまり起きません。

自分が相手に対して取っている行動は、相手が自分に対して取っている行動の裏返しです。あるいは、相手が自分に対して取っている行動は、自分が相手に対して取っている行動の裏返しでもあります。

だから、**応援される人は、日頃からまわりの人を応援している人**なのです。

Rule 10

斎藤一人さんのお話

メンターはたくさんのお弟子さんを応援しアシストしていました。

前述したように、私のメンターはお弟子さんから授業料などは取っていませんでしたし、お弟子さんに奢ったりしていましたから、無償で与えまくっていたのです。そして、それに甘えているだけの人は、やはり成功しませんでした。

想いを行動で示し、メンターのことを応援し返している人は成果を出しています。

メンターも人間です。Aさんは自分のことを応援してくれたり手伝ってくれる。Bさんは応援も手伝いもしない。自分のことを応援してくれるAさんを、さらに応援したくなるのは普通の感情ではないでしょうか。それが、メンターとの、人として良好な関係の築き方だと思います。

また、次の斎藤一人さんのお話が大好きです。

じゃあ今から、ほんとうの成功法則を教えるからね。

私こないだここ（寺田本家）に来たとき、若い人がいっぱいいるんだよ。ここで、若い人が、ご飯食ったり、フルーツ食ったりして、寺田社長（寺田啓佐氏）から話聞くんだよ。で、「いい話聴いて、ありがとうございました」って。「よかった」って言ってるけど。その人たち、ほとんどものにならないよ。

若い人が社長からメシまでごちそうになって、有難い思いをしてだよ。自分がどうするか考えろって。

「俺、寺田さんのお世話になってるから、家で晩酌するときは寺田の酒しか飲まないんだ」とかって、なにか**スジの通ったことしてみな**って。

それがいちばん肝心なんだよ。

自分が若いころ、近所の定食屋で、お金がないころ、内緒でごはん大盛りにしてもらったり、余ってるコロッケごちそうになってて。

自分が総理大臣になったって、そこへ行ったときはそこの定食屋でごはん食べますとか、自分はここのコロッケしか食べないとか、スジの通ったこと、ありますかって。一個でも持ってますか。

「寺田さんから教わったこと」じゃないんだよ。

「俺、自分は酒飲めないけど、おじいちゃん酒飲んでるんだったら、俺、寺田さんていう人に世話になってるから、酒飲むなら寺田の酒飲んで」って。

世話になった人に対して、自分がどういうお礼をするかって気持ちなんだよ。そのことがないで成功しようなんてとんでもないよ。

よくね、「一人さんに世話になってね」とかね。だとしたら私んとこの化粧水使いなって。あなたのところが使おうが使うまいが、私は、困るわけじゃない。

だけど、サントリーの社長に世話になったって言いながら、キリンビールで乾杯してるやつはおかしいんだよって。（笑）

おかしなことしてると、わかるんだよって。

「総理大臣になってもあそこに行ってコロッケ食うんだ」とか、私は北海道でもどこでもいっぱいあるの、そういう店が。それを、あっちのほうがうまいとか。うまいから食べるんじゃないんだって。世話になったとこがあるだろって。

それがほんとの成功法則なんだよ。それが大事なんだよ。

意気に感じて生きてるやつは、まわりに意気に感じて生きてるやつがいっぱい集ってくるんだよ。

斎藤一人

与えてもらってばかりで終わってしまう人。
与えてもらうのが当たり前と思ってしまう人。

人を先に応援したり、手伝ったりするのは嫌だという人は、成功はありませんので、ここで読むのをお止めください。

Rule
11

「師匠」は1人に決める！

「師匠」という言葉は、英語では「メンター」や「マスター」と表現されます。

厳密に言うと、師匠とメンターとマスターは少しずつ違うニュアンスなのかもしれませんが、私は呼び方の問題だけで、基本的にはすべて同じで、師匠だと思っています。

アドバイスをくださるアドバイザーや、サポートしてくださるサポーターはたくさんいていいと思いますが、師匠（この項目だけでは、あえてメンターではなく「師匠」と表現します）は**1人に決めるべき**です。

日本だと、「道」のつくもの、「道＝タオ」に弟子入りをしてその道を極めるために、極められた人（＝師匠）から教わります。

師匠は、まず基本を叩き込み、教え子が独り立ちできるまで面倒をみるのです。

親子関係にも似た関係性となる師匠と弟子。

もちろんすべては自己責任という大前提はあります。

師匠は、基本的に「愛」という視点で弟子をみます。

学ぶ側も師匠は1人です。ですからどの道も厳しくて当たり前。一人前になるためだから。


これに対して、アドバイザーやサポーターはもうちょっとライトな存在と思ってもらうといいでしょう。

親子というより、何かを教えてくれる友人関係みたいなものです。

ですから何人いても、それは学ぶ側の都合です。その代わり、あくまでその実行責任は学ぶ側にあります。

単純に役割と責任が違うのです。


1人の師匠（メンター・マスター）の他に、あなたが必要としていることに詳しく、専門的なことを教えてくれるアドバイザーやサポーターがその必要なことの数だけいれば、最高の形でしょう。

あなたに人生の指針を教えてくれる師匠、具体的スキルを教えてくれるアドバイザーやサポーターの存在は、あなたの人生を素晴らしいものに変えていきます。

個人的には、師匠は一生ものだと思っています。独立した後も、お世話になったことは変わりません。そこに義理人情が通っているか。そこが違いかと思います。

だから、自分のことだけ考えていてはダメだと思います。与え合う関係。師匠にもらってばかりじゃ終われない。

自分が師匠に何を与えられるのかを、いつも考えてきたからこそ、良い関係が築けたのだと思います。

「してあげたことは、忘却の彼方へ。受けた恩は、鉄の金庫にしまって鍵を何重にもかけるんだ」

この師匠の教えを、ずっと大事にしたいと思っています。

Rule 12

人生はカンニングOK！　どんどんマネしよう

メンターを決めるということは、「影響を受ける先を決める」ということです。

「学校のテストはカンニングしちゃダメだけど、人生はカンニングしてもOK！　俺からカンニングしまくって、真似しまくって、パクりまくれ！」と、メンターから言われました

私はそれまで、ビジネスは独創的で、誰も考えたことのないようなオリジナルなものでなければならないと思っていました。でも、事実はそうではありませんでした。

例えばフランチャイズビジネス。フランチャイズというのは真似をベースとした形態です。独創的でもなんでもありません。世の中にあるカフェやレストランで、フランチャイズ店の占める割合は非常に多いですよね。コンビニエンスストアや牛丼屋さんなんかもそうです。

たくさんあるということは、うまくいっているということです。うまくいってなかった

らこんなにたくさんあるはずがありませんよね。

世の中には、真似してうまくいっているものの方が断然多いということです。

人生はカンニングOK！　真似してもいいテスト

なんです！

うまくいっているメンターからカンニングしまくって、真似しまくって、パクりまくったらいいんです。

将棋の羽生善治さんは、「後から来る世代は、ある分野で極めたいという意志さえあれば、高速道路に乗るように、あるレベルまでは猛スピードで到達してしまう」と言いました。最近は10代でも、プロの一歩手前までくる人が多くいます。

真似るということは、先人たちの叡智を吸収できるという意味で、非常にパワフルです。そして、叡智の高速道路の先に、未開拓の地があります。

たまに、「真似ではなく自分のやり方で成功したい」「自分の道は自分で開拓したい」などという人もいます。

その開拓精神は高速道路の先端まで行ってから発揮すべきだと思います。

スタートから高速道路を使わずに、一般道路で開拓したがっていたら、叡智の高速道路の最先端でチャレンジしている人たちとは、まったくもって勝負になりません。
開拓精神は、先人たちの叡智の先へ行くために使うべきだと思います。

日本の武道・書道・華道などでの伝統的な師弟関係では、守破離という基本の考え方があります。ざっと説明すると、

守：最初の段階では、師匠の「型」を守る。できるだけ多くの話を聞き、師匠の行動を見習って、師匠の価値観を自分のものにしていくのです。すべてを習得できたと感じるまでは、師匠の指導の通りの行動をするのです。

破：次の段階で、師匠の「型」のすべてを習得できたら、「型」を守るだけではなく、破る行為をしてみるのです。自分独自に工夫して、師匠の「型」になかった方法を試してみる。

離：最後の段階で、師匠の免許皆伝をいただき、「型」から離れて独立し、自分自身で学んだ内容をさらに発展させる。

もっとわかりやすく言うと、まず、マネをして、次に自分のオリジナルを混ぜてみて、

最後に、新しいものをつくっていくということですね。

これは、別に武道や芸能の世界だけでなく、どんな世界でも通用し、応用できる考え方です。ただ、根源の基本精神は決して忘れてはならないと思います。幹にそった考え方が大事だと思います。

「幹から離れた枝は枯れます」

私も、今では年収は1億円を超え、私をメンターとするお弟子さんもたくさんいます。もちろんメンターからは独立して事業を営んでいますが、メンターから学んだ基本精神は今でも大事に守っていますし、月に何度かはメンターにお会いして、チューニングしています。

Rule 13

メンターを複数にする弊害

くりかえしになりますが、成果を出したいなら、あなたがめざす成果を出すまで徹底的に1人のメンターについていくことです。メンターを1人に絞るべき理由は2つあります。

①成功要因は複数個あってそれらがすべて揃った時に初めて結果がでるから。

例えば太郎メンターが成功要因をA・B・Cとして教えてくれているとします。一方、花子メンターは成功要因をD・E・Fとして教えてくれているとします。

成功している人にはそれぞれのノウハウがあります。

結果が出ない人は、

「太郎メンターが提唱するA・B・Cでひとつの成果が出るセット」

「花子メンターが提唱するD・E・Fでひとつの成果が出るセット」

にもかかわらず、自分の都合の良いように断片的に解釈し、A・BとEだけを受け取り行動したりして、「いつまでたっても結果が出ないんですけど〜」と嘆いてしまいます。

これが、いつまでも結果が出ない人の要因です。

わかりやすいように例えてみましょう。

料理でいうと、**ラーメンと寿司のレシピから、それぞれのいいと思う部分だけを切り取って、1つの料理を作ろうとしている**のです。美味しい料理にはなりませんよね。

今、当たり前じゃないかと思いましたよね？　しかし、もしあなたが今結果が出てないのであれば、これとまったく同じ事をしているのかもしれません。

②2人以上のメンターがいたら、あなたの情報をメンターが把握しにくくなり、複数のメンターから違うアドバイスが入ってしまい、混乱する無駄な時間が発生してしまうから。

例えば、あなたがボクサーだとします。月・火・水曜日はAジムに、木・金・土曜日はBジムに行くとします。そして、Aジムのコーチから、

「攻撃こそ最大の防御だ！　もっと相手に近づいてパンチをしろ！」

Bジムのコーチから、

「相手と距離をとって、相手のパンチを不用意にもらわないようにしろ！」

とそれぞれアドバイスされました。

真逆のことを言われているので混乱してしまいます。しかも、両方のコーチが言っていることは正しいのです。

そして、ジム側も週に3日来るのと6日来るのでは、その選手の長所や癖や性格など把握できる時間が違います。6日来る方が選手は早く成長します。

同時に2つのジムに通っているボクサーなんていないと思います。そんな世界チャンピオン、聞いたことがありません。それがビジネスの世界になると、みんな平気で3つ4つのジムに通うようなことをしてしまうのです。それでは成果が出るのも遅くなります。

「船頭多くして船山に上る」ということわざもあります。とにかく、あなたが満足いく成果を出すまでは、1人のメンターにとことんついていくことです。

ビジネスオーナーへの道は成果がすぐに出るとはかぎりません。「石の上にも3年」というように、最低でも3年間は下積み期間があると思っておいた方がいいと思います。

私はメンターに弟子入りした24歳の時に、「できれば3年で脱サラしたい。でも、脱サラに10年かかったとしても、それは凄いことだ。僕は成功するまでやるぞ！」と思ってスタートしました。

弟子入りから24年たった今では、メンターと弟子の関係は一生ものだと思っています。

Rule 14

メンターのアドバイスを全部取りしよう

メンターを1人に決めたら、メンターのアドバイスを、いいとこ取りではなく、全部取りします。

料理でいうと、「レシピの一部だけ真似ればいいや」と料理しても、なかなか美味しくできません。レシピとは書いてある内容を1から100まで全部真似ると、美味しくできるものであって、一部じゃダメなんです。

とくに、**あなたにとって耳の痛いことをはっきり言ってくれるのがメンター**です。耳ざわりの良いことだけだったらメンターの意味がありません。

「小善は大悪に似たり。大善は非情に似たり」

という言葉があります。本当の愛情は厳しいのです。

また、くりかえし書いている、メンターを1人に絞るということにもつながりますが、

アドバイスを聞くメンターが複数いると、

「Aメンターはあんまりやりたくない厳しいことを言ってきたけど、Bメンターはそんなのやる必要ないって言ってくれたしな」

と自分の都合のいいように捉えてしまいます。

本当は自分にとって一番聞きたくない、耳を塞ぎたい内容こそがあなたの突破ポイントで、本来ならばそのアドバイスは宝物なのに、すり抜けてしまうのです。


たとえば、ダイエット法だって、星の数ほどあります。

「糖質を取らない」というダイエット法をやっている最中に、彼女とのデートでケーキバイキングに行ったとしましょう。

彼女に、「私のダイエット法は夕食を抜けば、朝と昼は何をどれだけ食べても大丈夫って書いてあるよ」と言われて、都合のいい解釈をして食べてしまったり。一貫性を持って、全部ちゃんとやればおそらく痩せる方法であっても、かいつまんで中途半端にやるとうまくいきません。

聞く先が複数あると、自分にとって都合のいい方を聞いてしまいます。

ここは声を大にしてはっきりお伝えします。

メンターは1人に決め、メンターの言うことを全部取りしてください。

自分の甘えを断ち切るためです。

そうして深い関係性を築くことによって、一生涯役立つ、生きる知恵、基礎となる考え方や価値観を学ぶのです。

耳の痛いことをはっきりと言ってくれる存在は、非常にありがたいと思います。普通の人は、「嫌われたくない」という保身から、なかなか本音を言ってくれないからです。

今は、本気で自分のためを思って叱ってくれる存在が極端に減りました。親ですら、子どもから嫌われることを恐れて本気で叱ることが減ったように思います。「ストレートな意見が欲しくても、なかなか言ってもらえない時代」と言えるかもしれません。

「本音でフィードバックをくれる存在」であるメンターがいると、圧倒的に成長できます。「キツイ」と思うかもしれませんが、24年間の体験から、私はそれを強くおすすめします。

耳の痛いことをはっきりと伝えてくれるのがメンターなのです。
このときに、逃げ道があるとブレてしまいます。

「そんなに全部を信じても大丈夫なの？」と、影響を受ける先を絞ることをリスクと感じる人もいるようです。

実は、私も初対面の時はメンターを少し疑ってしまったことがあります。メンターがあまりにもフレンドリーで、初対面の私に惜しみなく体験談をお話ししてくれたので、「騙されたりしないかな？」と思ってしまいました。

しかし、冷静に考えて、「月収３００万の人が、俺を騙しても、たいしたお金も取れないし、捕まったりする方がこの人にとって損だよな」と思い、初対面で弟子入りをお願いしました。

あれから24年がたち、人生が大激変しました。本当にメンターを信じてよかったなと思います。

Rule 15 「修行」とは、メンターの判断を受け入れること

以前に、ある農場経営者にお会いしたら、面白いことをおっしゃっていました。

「農業ビジネスに将来性があると思います。だから当分、ここで学ばせてください！　弟子入りさせてください！」

という若者が来たそうです。

学校を卒業して大手企業に入ったものの、「起業したい。これからは農業ビジネスだ！」と思ったらしく、雑誌の記事で見たその農場に飛び込んできたというのです。

農業ビジネスの将来性と自分の夢を熱く語るので、それならば試しに受け入れてみるかと思い、鍬を手渡して「じゃあ行こうか」と立ち上がったところ、その若者はキョトンとした顔をして、

「え、僕も耕すんですか……？」

などと言ったそうです。

社長も「え、どういうこと……？」と話がかみ合わない。

その若者の話をもっと詳しく聞いてみると、彼の「学ばせてください、弟子入りさせてください」というのは、どうやら「農場経営のノウハウやテクニックをできる限りかいつまんで教えてもらえますよね？」ということだったらしいのです。

そして、「思っていたのと何か違うので……」と、畑を一度も見ることもなく、その日のうちに帰っていったとのこと。

最近はどの世界の人と話しても、こういう人がやたら増えている、という話をよく聞きます。

「修行させてください！　弟子入りさせてください！」と言って、熱意の見せ方だけはとても上手なのですが、いとも簡単に「なんか思っていたのと違うんで……」とあっさり姿を消していくという人が多い。

「修行」は、キャンセルできるものだと思っているんですね。もしくは、妥協が許されるものだと思っている。

修行とは、成果が出るまではすべてメンターの判断を素直に受け入れるということです。

成果を出していない自分の判断で動いている時点でおかしいのです。

ある広告制作会社が、広告業界の将来に貢献できればと、広告業界を目指す学生向けに「企画講座」をやったそうです。無料で教えてもらえるということもあって、たくさんの学生が集まりました。

みんなでまず、企画案を作るというワークをするのですが、「この企画案はここがダメです」と評価しただけで、次からは半分以上の学生が脱落するのだそうです。

「ああ、こういう企画案はダメなんだ。勉強になるなあ」ということではなく、「自分の企画がダメって言われるんだったら、もう無理」などと、簡単にドロップアウトしていくわけです。

そういう機会を無償で与えてくれている、ということに対する恩もない。広告業界を目指す学生のために、何の見返りもなく無料で教える場を作っても、平気でそういう人が出てくるのです。

「こんなに大変だとは思わなかった」

「思っていたのとはまったく違っていた」

というのは、「修行」にとって当たり前のことです。修行とは大抵、思っていた以上に大変なものなのです。それを乗り越えることが、「修行」です。

「こんなに大変だとは思わなかった。だからやめよう」

と思うのか、

「こんなに大変だとは思わなかった。だから気合を入れ直そう」

と思うのか。その考え方の違いで、人生に違いが出てきます。

そしてラクなほう、ラクなほうへと流れていき、居心地のいい底流あたりのところで満足してしまうのです。

「やります!」と口では言っておいて、やらない。そういう人間は自分も成長しないし、他人にも迷惑をかけるし、一番始末が悪い人種です。こういう人は、確実に使い物にならないので、誰からも信用を得られません。

「こんなに困難だとは思わなかった。だから乗り越えよう」

「こんなに反対されるとは思わなかった。だから認められるまでやりきろう」

と考えることで、人は成長します。逃げない人間になりたいですね。

Rule 16

弟子を選ぶのはメンター

また、「いろいろ見てから決めたい」という人もいます。

その心理の根底には、「失敗したくない」という恐れが隠れているのかもしれません。

人を信じるということは、相手への期待ではなく、自分への決意だと思います。

自分の信じた人とともに、信じた道を突き進み、辿ってきた道を自らの努力で正解にしていくのが人生だと思います。

平均的な人生を送る簡単な方法は、「いろんな人の意見を聞いてしまうこと」だと思います。たちまち平均的になれるでしょう。

せっかく心にともった情熱の炎がたちまち萎えてしまい、もとの生活の繰り返しに戻っていくことになるでしょう。

チャンスを選り好みする人にはチャンスはずっと来ないと思います。

前述したように、私がもし、24歳の時のメンターとのご縁というチャンスを掴まずにスルーしていたらと考えると、ぞっとします。そのまま会社員を続け、当時勤めていた会社が買収された時に、リストラにあっていたでしょう。

あの時に、メンターとのご縁というチャンスを掴んだ自分を褒めてあげたいです。

また、

「なぜ、その人をメンターにしようと思ったんですか？」

「疑ったりしなかったんですか？」

といった相談を受けたりすることもあります。

先述したように、私も疑ったことはあったので、そんな方にはその話をしてあげます。

が、一番大事な点は、「弟子がメンターを選ぶのではない」ということです。


「**メンターが弟子を選ぶ**」のです！

メンターに弟子入りを認めてもらえるかどうかが大事なのです！

人生の成功法則を教えてもらうことは、当たり前のことではないと思います。普通であれば高額な授業料がかかります。成功している経営コンサルタントにコンサルしてもらおうと思ったら、月に１００万円かかることもザラです。

「教えてもらえることが当たり前」と思ってはいけないと思います。

「教えてもらえることが当たり前」と思っている人に、教えたい人は現れないと思います。もし、あなたが教える側だったら、そんな人に教えたいと思いますか？

疑うも何も、「自分が求めている人生を実現している人」なのですから、目の前にある現実すら信じられない人は、何を教わっても無駄だと思います。

「成功者は目に見えないものを信じる。失敗者は目に見えるものですら信じない」といいます。

あなたが信じたぶん返ってきます。もちろん保証はありません。しかし可能性は無限大です。

そして、**メンターからの教えを１００％以上引き出すのはあなた**です！

教える側だって人間です。感情があります。あなたが教える立場だとしたら、どんな人になら惜しみなく教えたくなりますか？

少なくとも、「教えてくれるのが当たり前でしょ」という姿勢が見えたら、教える気にはならないと思います。

何度も言いますが、ノウハウを教えてもらえるのは当たり前ではありません。1を教わったら10以上やるぞ！　というくらいの姿勢でないといけないと思います。


最悪なのは、「それはやります」「それはやりません」と選り好みする人です。「だったらもう来なくていいよ」って思いませんか？　人の善意を当たり前と思い、「当然いつまでもしてもらえるでしょ」と思っている人の人間関係は破綻していくと思います。

また、私は可愛がられる努力もしてきました。なぜなら良くなりたかったからです。


メンターのメールにはすぐに反応する。

メンターの誘いは断らない。

メンターが経営に関わっているお店の上顧客になる。

メンターが企画するイベントには絶対に行く。

メンターが応援しているアーティストを一緒に応援する。……などなど。

別に媚びを売れという話ではありません。しかし、メンターも体は1つだし、感情がある人間です。一生懸命な姿勢に、人は心を動かされると思います。教えたことを一生懸命やる人に、人はさらに教えたくなるものです。教えを引きだすのも自己責任です。

そして、自己責任の概念が薄い人は、愚痴や文句を言い出します。メンターが悪い、学んでいるコンテンツが悪い、仕組みやビジネスモデルが悪い、兄弟弟子やともに学んでいる仲間が悪い……何かしら自分以外に矢印を向けて、愚痴や文句を言うのです。

同じメンターから同じコンテンツを学び、同じビジネスモデルで、兄弟弟子やともに学んでいる仲間も同じという条件で、成果を出している人がいるのにもかかわらず、です。

条件が同じなのに結果が違うのは、もうその人の頑張りの差でしかないのです。

そうやって成果が出ないことを自分以外の責任にする人に成功はありえません。

たまに、他責がいきすぎてネット上やSNSなどに誹謗中傷を書いたり、アンチになったりする人がいますが、自分は自己責任を生きない人で、他責の人ですよと言いふらしているようなものですね。

しかも、嘘を書いてまで相手を誹謗中傷する人もいます。

匿名での書き込みはバレないと思っている人もたまにいるようですが、今では発信者情報開示請求はすぐに通りますから、匿名でバレないなんてありえません。

あなたも他責になったり、いきすぎて誹謗中傷する人にはならないでくださいね。

Rule 17

勉強会に参加しよう

メンターを1人に決め、学び始めたら、まずはメンターやメンターのお弟子さんたちが主催している勉強会に参加しましょう。勉強会がない場合は、個別にメンターやお弟子さんに時間を取ってもらいながら学んでください。

私のメンターはビジネスオーナーになるための勉強会を用意してくださっていました。勉強会がある場合はフル参加をおすすめします。

勉強会には学んでいく流れがあると思います。

小学校のプールの授業で、みんなで並んで、同じ方向に歩いて、プールに渦巻きを作るということをやったことがある方もいらっしゃると思います。

はじめは流れは起きませんが、みんなでずっとぐるぐる歩いていると、しだいに流れができて、渦巻きになり、歩かなくても勝手に流れていく状態になります。

そういった流れにしっかりと乗っていくと、結果がついてくるイメージです。流れに中途半端に乗っても、結果にはつながりません。

また、ビビッてその流れに飛び込まずにプールサイドにいると、結果にはなりません。ビビらずに流れに思い切って飛び込み、その中を全力で泳ぎ、流れをより速く、太く、強くしていく、流れの創り手になっていくと、結果も早く出るでしょう。

また、**勉強会に参加して知識をつけていくことは、桶に水を貯めていくようなもの**です。勉強会にはいろんな内容のカリキュラムがあると思いますが、桶の側板が1つでも欠けてしまうとそこから貯めていた水が漏れてしまうかのように、勉強会やセミナーも欠けてしまうと、そこから知識ややる気が漏れていってしまうものです。なので、勉強会やセミナーはフル参加にこだわることをおすすめします。

私もメンターの勉強会へのフル参加にこだわりました。体調が悪かろうが、高熱があろうが、這ってでも行きました。

インフルエンザで40度の熱がある時も勉強会に行きたかったのですが、メンターに念のために相談したところ、さすがにまわりにうつすと良くないからと止められました。

勉強会と友人の結婚式がかぶった時は、友人の結婚式を断り、勉強会に行きました。もちろんお祝いはしてあげたかったので、後日、お祝いをしました。

とある高校の友人は、結婚式の日程を決めるのに、わざわざ私に連絡をくれ、私の参加不可能な日時を聞き、その日時を避けて結婚式を挙げてくれました。もちろん式と2次会まで参加し、盛大にお祝いしました。

それほど勉強会やセミナーのフル参加にこだわっていました。

また、少しでも良い席に座るために開場前の時間から並んでいました。貴重な時間とお金をかけるので、少しでも良い席に座り、吸収しまくれるかが大事です。


勉強会で、基礎となる考え方の内容は毎回同じこともあるかと思います。基礎は最も大切で変わることがないからです。

もし、勉強会で学んでいることが同じだと思い、飽きてきたとしたら、それは自分自身の成長のなさに飽きているのかもしれません。

山に登った時に、高さが変われば見える景色も変わります。あなたが勉強会で学んだことをビジネスの現場で実践し、いろんな経験をし、少しでも成長していれば、景色が変わり、見え方、聞こえ方、感じ方が違うはずです。

何度も何度も勉強会に参加して、学んだことを実践しましょう。

スタッフとして勉強会の創り手側になることも、とても勉強になります。

もちろん私も勉強会のスタッフをやりました。会場設営、誘導、音響、受付、会計、司会など、すべてを経験しました。その経験がすべての事業にとても役に立っています。

また、勉強会の台本を作り、スピーカーになり、教わる側から、教える側になっていきましょう。

教えることは学ぶことです。あなたが勉強会の講師になることで、さらにあなたの力量が高まっていきます。

Rule 18

事業のお手伝いから始めてみる

勉強会に3ヶ月ほど参加した私は、学んだことを実践したかったので、メンターに「お仕事をお手伝いさせてください！　ギャラなどはいりません！　鞄持ちでもなんでもします！」とダメ元でお願いしました。メンターは快く承諾してくださいました。

そこから、勉強会のない週末に、メンターのお仕事のお手伝いをさせていただきました。はじめは、メンターが当時立ち上げてらっしゃったＩＴ関係の事業の代理店募集の説明会の会場設営からはじまり、設営リーダーや受付、慣れてきたら司会までさせていただきました。

机の並べ方、机と机の間隔など、すべてに意図があり、会場設営からもとても学びがありました。

また、毎回メンターのプレゼンテーションを聴くことができたので、「門前の小僧習わぬ経を読む」のように、間近で学ぶことができました。

プレゼンの前にメンターは必ずトイレに行き、鏡を見て、アファメーションをされます。

そして、始まるまでの時間に、参加者全員と少しずつでも会話をされます。

プレゼンが終わると、またすぐにトイレに行ってアファメーションをし、会場に戻って参加者全員に挨拶をされ、良い感触の人にはクロージングをする。

すべての何気ない行動に意図が散りばめられていました。

そういった、細かい動きとそこにある意図を、現場で間近で学ぶことができました。これは、勉強会で話を聞いているだけでは学べないことです。

前述したように、勉強会の創り手になったり、メンターの事業のお手伝いをすることによって、実践から学ぶことができたのです。


商談や打ち合わせの場所にも同行させていただきました。挨拶からはじまり、コミュニケーションの一部始終を何度も見聞きさせていただきました。これも勉強会に参加しているだけでは学べないことだらけでした。

また、メンターの扱っているサービスや商品がより売れるにはどうすれば良いかを考えたり、集客や送客も頑張りました。単純にメンターのお役に立ちたかったのもありましたが、それが自分の力をつけることにもなりました。

売上にも貢献できるようになると、メンターから「これだけ頑張ってくれているから、ギャラも払いたいし、業務委託契約を結ぼう」と言っていただけました。

現場で実践しながら学ばせていただけることだけでもありがたいのに、業務委託費までいただけるなんて思ってもいませんでした。その提案をありがたく承諾し、ある意味そこから私の商売がスタートしました。

あなたもメンターを作り、勉強会にある程度参加したら、ぜひメンターのお仕事などをお手伝いさせていただくと良いと思います。

ただ、お手伝いするからには、ギャラがあろうがなかろうが、全力でやることです。中途半端にやっても力はつきませんし、逆にメンターの信頼を失ってしまいます。

Rule
19
「信頼残高」と「にこやか貯金」

人間が汗を流したとき、報酬は2通りの形でやってきます。ひとつは、金銭的な報酬で、もうひとつは「**人からの信頼残高**」という形です。

お金の場合、現金で100万円入ってきても、100万円使えば、「0」になります。

一方、「信頼残高」は、ずっと年利1000%の複利計算で、翌年から、10倍、また10倍に増えていくようなものです。

もしあなたが、会社員の仕事を一生懸命やって、人からの頼まれごともたくさん引き受けて、メンターの新しいプロジェクトにも参画して、土日には起業に向けて勉強しているのに、金銭的な報酬がない状態なのであれば、ものすごくたくさんの「信頼残高」を貯め込んでいることになります。

ところが、「信頼残高」が何億ポイント貯まっても、一瞬にして「0」になってしまうことがあります。それは、(1)不平不満・(2)愚痴・(3)泣き言・(4)悪口・(5)

文句を言うことです。

この「五戒（ごかい）」を口にしたとたん、今まで貯めたポイントは「0」になります。

金銭的な報酬のない汗をたくさん流している人ほど、じつは、ものすごい実力、人脈（チーム）、「信頼残高」が貯まっています。

「いざお金に困ったとき、『信頼残高』では役に立たないのではないか」という人がいますが、そんなことはありません。なぜなら「信頼残高」は、「人脈（チーム）」ともイコールだからです。

仮に私が「今晩中に1000万円集めなくてはいけない」というときに、「100万円貸してくれる人」が10人いたら、集められます。

お金だけではありません。「どうしても人手が3人か4人ほしい」というときも、「人脈（チーム）」を持っていれば、協力をしてくれる人がすぐに集まるでしょう。

「信頼残高」のほかに、「**にこやか貯金**」も利子が大きいです。

たとえば、メンターから「頼まれごと」をされたとします。そのときは、笑顔で引き受けるのです。いつも笑顔でやり続けていくと、それは「にこやか貯金」になります。

人間は基本的に、「良心」の塊です。あなたが嫌な顔をせず、ニコニコやっていれば、頼んだ人の心の中に「借り」ができます。

その「借り」は目に見えないものですし、数字でもあらわせません。

人から何か頼まれたときは、「にこやか貯金を積み立てるチャンスがきた。ありがとうございます」と思ってください。そのときから「にこやか貯金」がはじまります。そして、大きな利息が付いて返ってくるでしょう。

「頼まれごとは試されごと」といいます。

朝起きてから寝るまでの間、人は毎日平均２０４回、人に頼まれごとをされるそうです。皆さんもそうかと思いますが、日々仕事をしていると上司や同僚・後輩や社外の方も含めて色々な人からお願いごと、言い換えれば頼まれごとを受ける事も多いかと思います。

その頼まれごとの中には、なぜ自分がやらなければならないのか、また面倒な仕事が増えたなと感じてしまうこともあります

しかし、その時に大切なことは、「お、試されてるな！　どうやって良い意味で期待を裏切ろうかな」と考えることが大切なのです。

そもそも頼む側の立場の人からすると、自分が頼みたい仕事があった時にできないと思う人にお願いはしません。

この人なら大丈夫と思っているから、つまり「あなたならこれはできますよね」と思ってお願いをするのです。そんな試されている状況の時に、何も考えずにただお願いされたことをこなしても何も生まれません。

逆にいうと期待以上のことをすると、相手を感動させられるチャンスをいただいたとも考えることもできます。

頼まれた時のポイントは、

・返事は0・2秒
・今すぐ！　すぐ動く
・損得を考えない
・内容を聞く前にもう引き受ける

です。

例えば、真夏の炎天下に「ちょっとお茶買ってきて！」と頼まれたとしましょう。

普通の対応は、

「……はい（なんでこのくそ暑いのに俺が行かなあかんねん……）」

と思いながらタラタラ歩いて買ってくる。

「買ってきましたぁ」と声をかける。

「あ、そこ置いといて」で終わる。

といった感じです。

頼んだ相手を感動させる対応は、

「はぁい!!」と、0・2秒で間髪を入れずにめちゃくちゃ元気に返事をする。

『よっしゃ、今俺に頼まれごとしましたねぇ！　みとけよ、感動させたるわ！』と思って、

炎天下の中、猛ダッシュで汗をダラダラかきながら速攻で買って戻ってくる。

さらに、わざとらしくハァハァ言いながら、

「社長！　買ってきましたよ。お茶ぁ！」

と言って勢いよく渡す。
「お前、このくそ暑い中走って行ったんか!!　アホかぁ、お前!!」
と言いながら相手が感動する。
といった感じです。

これを1日204回チャンスがあると思って喜んでするのです。こんなしょうもない、誰もみてないような仕事を一生懸命してくる人が、仕事で手を抜くわけがないとみんな思うのです。結果、仕事がまわってきます。

仕事場でなく、どんなときでもこのような対応を、どんな人にもしているとみんなが感動してくれます。感動したらそれが評判になってまわりにどんどん波及します。

本当の仕事とは「喜ばせること」。いつも喜ばせようとすることです。
これだけでさらに「信頼残高」が貯まっていきます。

私はこの「頼まれごとは試されごと」という考え方を定着させると、考える力や相手を思いやる力の向上にも繋がるなと感じています。

また、「よし、試されてるな！」と思うことは頼まれごとをされることに抵抗がなくなり、ゲーム感覚で楽しささえ覚えるので、何より精神衛生上、非常に良いことだと思っています。

同じできごとに対しても考え方は色々あります。どうせやるなら自分にとって良い考え方で楽しく過ごしていきたいですね。

私はこういう考えをメンターに教えてもらい、それを実践していったからこそ、メンターから業務委託費をいただいたり、いろんな案件を紹介していただけたのです。

Rule
20

下足番になったら、そこでトップになってみろ！

「下足番を命じられたら日本一の下足番になってみろ。そうすれば誰も君を下足番にはしておかぬ」

これは阪急東宝グループ創始者の小林一三（いちぞう）さんの言葉で、私の大好きな言葉のひとつです。貧農の子から織田信長の草履取りになり、やがて関白にまでかけあがった豊臣秀吉の生き方を連想させます。

草履取りという職種は今はありませんが、例えば企業や組織の中で「もっと良いポジションを与えてくれたら活躍できるのに」とか「あの学閥だったら出世できるのに」といっている人への戒めの言葉だと思います。

まずは**与えられた環境、場所で、できることを最大限やる**ことです。

不平、不満を言う前に、今自分がある此処でベストを尽くして結果を出すのです。そうすれば、その結果そのものがあなたを放ってはおかないのです。

石川島播磨重工や東芝の社長を経て経団連の会長に就任した土光敏夫（どこうとしお）さんは、「仕事の報酬は仕事である」という言葉を残しています。

つまり、自分の仕事についてきちんと考えて、努力をしながら自分の能力も磨き、いい仕事をしていれば、また次に仕事がまわってくる。そして、次の仕事でもいい働きをし、それをどんどん重ねていけば、もっとやりがいのある仕事や大きな仕事を任されるようになるということです。

いい仕事をしていると、仕事が連鎖していくのです。

秀吉が草履を温めていたというのは、決して上手に信長に取り入って天下を取ろうなどという考えから技巧をこらしてやったことではないでしょう。技巧というよりは草履取りという自分の仕事にベストを尽くしたのです。

どんな仕事につこうとも、その職責にベストを尽くす。どんな小さな仕事でも、つまらないと思われる仕事でも、決してそれだけで孤立しているものではありません。必ずそれ以上の大きな仕事としっかり結びついているものです。

たとえつまらないと思われる仕事でも、完全にやり遂げようとベストを尽くすと、必ず現在の仕事の中に次の仕事の芽が培われてくるものです。

そして次の仕事との関係や道筋が自然とひらけてくるのです。

演劇の世界には次のような言いまわしがあります。

「小さな役はない、小さな役者がいるだけだ」

それをビジネスの世界に置き換えるなら、

「つまらない仕事はない、仕事をつまらなくしている人間がいるだけだ」

となると思います。

私の知り合いに、あるメーカーに勤めているJさんがいました。

Jさんは専門学校でグラフィックデザインを学び、クリエイティブな仕事がしたいということで、その会社では広告宣伝部を希望し、最初はその部署への配属が決まりました。

ところが4年目に部署異動があり、営業現場に異動になりました。

「クリエイティブ分野に専門能力のある自分が、なんで小売店の受注まわりをしなければいけないのか」

という思いで、毎日の仕事がつまらなくなり、転職を考えるようになったそうです。

ある日、上司に自分の気持ちを正直に伝えると、上司から、

「営業の仕事にクリエイティブな要素がないわけではないだろう。営業の仕事をクリエイティブなものに変え、自分の才能を活かすようにするのが君の仕事だ」

と言われたのです。


自分が得意とする能力の軸は変えずに、仕事のほうを変えていく。その発想に立った時、Jさんは小売店の店頭に置くPOP（販促用のツール）を手作りで製作し、担当のお店に飾ることを思いつきました。

キャッチコピーや文面、デザインなどはすべて自分がやる。小売店の販売員のコメントやネットの口コミ情報など盛り込むようなこともしました。このPOPは一律大量製作されたものとは違い、親近感や信頼性があるということで、販促効果が大きく出ました。

その後、その支店では、手作りＰＯＰを本格的な営業戦術として採用することとなり、ＰＯＰ製作チームを立ち上げました。そして、Ｊさんはそのリーダーに抜擢されたのです。

Ｊさんはそれ以降、営業という仕事をクリエイティブという観点から切り取ることを覚え、仕事の内容を自分の能力に合うように作り変えることに面白みを感じるようになりました。

スポーツで強い個人、チームというものは、自分が得意とする型や勝ちパターンというものを持っています。状況がどのようになっても、徐々に自分の得意な形に持っていき、最後はいつもの決め技で勝利を掴む。

結局、キャリアや人生も同じことです。Ｊさんのように、自分の強みとしている能力を軸にして、どう状況を作っていくかです。

成功は、天からポンッと降ってくるものではなく、そうやって**能動的に環境を変えていこうとする努力を続けていくなかで形になってくるもの**なのです。

私の場合、メンターに学びだし、勉強会に参加し、メンターの仕事のお手伝いをし始めた時に、メンターのとあるプロジェクトのメンバーになってみないかと提案されました。

どんなことでもメンターがおっしゃるからには勉強になるだろうからやってみようと、二つ返事で快諾しました。

そのプロジェクトでは一番下っ端からでしたから、まずは面白くない単純作業からのスタートでした。しかし、小林一三さんの言葉を思い出し、一生懸命にやり、その作業者のランキングのトップになりました。

それを数ヶ月続けると、その作業者のリーダーに抜擢されました。先にやっていた先輩方を下克上したのです。

そこでさらに一生懸命にやっていると、今度はそのプロジェクト全体の統括に抜擢されました。そして、最終的には、メンターと少人数での首脳会議メンバーに入れていただくようになりました。

どんな作業や仕事でも、そこで一生懸命やっていると、見てくれている人がいて、抜擢されるものです。

そして、この言葉は経営者にもあてはまります。例えば私などは「我が社にもっとブランド力があれば」「我が社ももっと社員がいれば」「我が社にもっと資金が潤沢にあれば」「自分にもっとビジネス感覚があれば」というような思いが去来することがあります。そ

んなとき小林一三さんの言葉を思い出し、

「本当に今置かれた立場でやれることはすべてやったのか？」

と自問してみます。

するとそんなときに限って、案外やりきっていない自分に気づかされます。

「やれることをやりきる」ことによって、その先にある結果にたどりつくのです。


人生において、「不確定要素＝わからないこと」はあって当然です。人生には、時間が経たなくては見えてこないこと、始めてみなくてはわからないことがたくさんあります。

さらに、始めたところでわからないことにもたくさん出会うと思います。

目の前のこの小さな仕事、作業に何の意味があるんだろう？

これを頑張っていて本当に形になるんだろうか？

と思ってしまうこともあるでしょう。

また、すぐに行動できる、という方もいる一方で、頭で色々なことを考えてしまって、結局始められなかった、はじめの一歩が踏み出せなかった、という方もいるでしょう。

なかなかはじめの一歩を踏み出せない原因のひとつとして「頭で色々と考えてしまう」

が挙げられると思います。この、「色々なこと」とは何でしょう。
「目標がまだ明確じゃないから」「今これを始めることに意味があるのかな?」「今これを始めるとリスクがあるんじゃないか」「最終的にどんな自分になりたいんだろう」などなど……。

たとえ「いつか〜したい」「時間ができたら〜したい」という想いがあっても、つい頭で考えてしまう……。それは今やるべきことを先延ばしにしているだけです。

本当はやりたいことがあっても、仕事や家庭で「やらなくてはいけないこと」が多すぎて、なかなか「やりたいこと」にまで手がまわらないという事情もあるでしょう。

いろんな事情を言い訳にしていて、人生変わりますか?

人それぞれ、みな何かしらの事情を抱えています。何もない人なんていないでしょう。大きいモノもあります、小さいモノもあります。解決できるものもあれば、解決できないものもあります。それをあなたが生きる上で言い訳にしても、なんの進歩もありません。

「目の前のこの小さな仕事、作業に何の意味があるんだろう？」

「今これを始めることに意味があるのかな？」

その小さな仕事、作業、その始めることに意味をつけるのはあなたです！

「これを頑張っていて本当に形になるんだろうか？」

形にするまでやればいいじゃないですか！

「目標がまだ明確じゃないから……」

じゃあいつ明確にするんですか？

目標は天から降ってきません！　あなたが決めるんです！

「今これを始めるとリスクがあるんじゃないか？」

リスクのない人生なんてありません！

何かを始めるのもリスクですが、何もしないことも今の時代はリスクです！

あなたが一歩踏み出さない理由を１００万回唱えても、メリットはあなたにとって１つもないです！

不都合があれば改善すればいいじゃないですか！

できないものは認識し、できるようになるまで努力すればいい！

そして、今できる最大限をまずはやればいい！

下足番のまま成り下がるのか、それを極めて次の大きなステップに自分を押しあげていくのか、すべてはあなたの意志と努力次第なのです。

第3章

安定して売れる商品を、安定して売る方法

Rule 21

やりたいことがお金になるとは限らない

私は、とくにやりたいことはないけれど、ビジネスオーナーになりたいからメンターに弟子入りをし、起業していくという道を選びました。

そんな私とは違い、これをやりたいから、これが好きだから、こんな仕事をしたいから起業するために、メンターに弟子入りするという人もいます。

それは悪いことではありません。自分が好きなことなら、時間も忘れてとことん仕事に打ち込むこともできるでしょう。

しかし、ここで頭に入れておいてほしいことは、

「**やりたいことがお金になるとは限らない**」

ということです。

もちろん、「全然儲からなくていい、私はこの仕事がしたいんだ」という人もいます。

そういう人は何をしてもらってもかまいません。

「料理が好きだから飲食店を始める」「釣りが好きだから釣具店を始める」などと、始めることは誰でもできますし、人間の幸せとはお金だけとは限りません。

しかし、起業家として成果を出したいのであれば、お金になる仕事かどうかをまず考えるべきです。

つまり、それが儲かるかどうか、お客様がお金を払ってくれるかどうかは、まったく別の話なのです。

当たり前ですが、事業とは、お金を払ってくれるお客様がいるかどうか、どこの誰に売れるのかが重要なのです。

とはいえ、稼げる事業かどうかの判断は、やさしいものではありません。

「こういうことに困っている人がいるはずだ」

「需要があるはずだ」

このように考えて起業しても、困ってはいるけれど、お金を払うほどのことでもないと思われたり、ほしいけれど値段が高すぎたりすることもあるでしょう。

大きくはずさないためには、実際にあなたが「これは知り合いの○○さんなら、必ずお金を払ってくれるはずだ」と具体的な名前を言える商材やサービスでないと、事業としては成り立たないと思ったほうが良いでしょう。

もしくは、「私が扱っている商材やサービスであれば、○○さんならお金を払ってくれるはず」と言える具体的なあなたの応援者がいることが大事なのです。

これは後述しますが、先にファンや応援者、お客様を作ってから起業していくという、私がメンターに教わって立ち上げてきた方法につながります。

そして、一番良いのは、**すでに上手くいっているビジネスや人を真似すること**です。

この本でも何度も言うと思いますが、私はビジネスのしかたも、ビジネスの内容もメンターの真似をしました。

それはやりたいことだったかと言われれば、そうではありませんでした。しかし、上手くいっていることをそのまま真似をするのですから、上手くいく可能性はかなり高まります。もちろん自分自身の努力は必要ですが、努力が報われる率が高いのです。

私の知り合いや、メンターのお弟子さんのなかにも、これは自分のやりたいことではないと言ったり、自分のやりたいことをやりたいと言って、メンターの真似をせずに、自己流に走った人を何人も見てきました。

昔、みのもんたさんが司会を務める、「愛の貧乏脱出大作戦」というテレビ番組がありました。

どういう番組かというと、たとえば「流行らないラーメン屋」のオヤジさんが、番組にサポートを依頼します。番組は、流行っているラーメン屋を見つけ出し、そのオヤジさんを修業に出すのです。

それで、流行っているラーメン屋の味を取得して戻ってくる。お店もきっちりきれいにして、新装開店。流行らないラーメン屋が、見事に「流行っている行列のできるラーメン屋」になり、「貧乏から脱出する」というすばらしい番組でした。

ある時、「過去に番組がサポートして貧乏脱出した人たちは、その後どうなった？」という特集をしていました。

結果は、

・その後も繁盛し、成功している人たち

・貧乏に逆戻りした人たち
　に分かれていました。

「繁盛しつづける人たち」と「貧乏に逆戻りした人たち」の違いはなんだったのでしょうか？

　違いは、「たったひとつ」しかありませんでした。

「繁盛しつづける人たち」は、番組から紹介された「メンター」のレシピを守っていました。

「貧乏に逆戻りした人たち」は、「メンター」のレシピを捨て去り、「自分の味付け」に戻っていました。


　なんという「非理性的」なことをするのでしょうか？

　自分の味付けがまずいから、店が流行らず貧乏だった。メンターの味付けにしたら、美味しいから繁盛し、成功できた。しかし、しばらくすると、また自分のまずい味付けに戻ってしまう。


　私たちが何かの分野で成功したいなら、その分野ですでに成功している「メンター」のいうことを、愚直に守りつづける必要があります。

「創造性」「独自性」を発揮するのは、「メンター」のレベルに達してから。でも、「貧しい私」は「エゴ」や「我」が強いので、あなたにささやきます。


「メンターがなんだ！」

「おまえだって、結構いけてるぜ！」

「自分の道をすすもうぜ！」

……などなど。


しかし、私たちは、「メンターのほうが実績あるんだから」と素直な心で進む必要があるのです。

やりたいこと、やりたい方法ではなく、うまくいくこと、うまくいく方法を真似するのが一番なのです。

Rule 22

イメージと違うことがほとんど

「イメージと違った」と言ってすぐ離れていく人が、どこの世界にもよくいます。

ビジネスオーナーへの想いを語るプレゼンでは偉そうな夢を語っておいて、3ヶ月ほど仕事をしただけで、「イメージと違ったので、辞めます」と言う人がすごく多いのです。

新しい習いごとを始めた時、新しい仕事や事業を始めた時、新しい人に教えを受けるようになった時なども、ちょっと取り組んで、「なんかイメージと違ったので、もういいです」と言って簡単に離れていく人がたくさんいます。

私はこういう人たちを見て不思議に思うのが、「どうしてイメージ通りだと思うのか？」ということです。

就職活動をしてその世界に入ってくる人や、新しい習いごとを始める人、新しい事業を始める人たちは、もうとてつもなく「ド素人」なわけです。ド素人ということは、その世界や取り組みに対してどれだけ深くイメージをしようが、ド素人の妄想にしか過ぎません。

それが、本格的な世界に入ってきたら、ド素人の妄想をはるかに超える世界がそこにはあるに決まっています。そんなことは当たり前なのに、なぜ、「イメージ通りではなかった。予想通りだ」とならないのかが不思議なのです。

イメージしていたこともド素人だし、「イメージとは違う」とわかったその数カ月程度の段階でもまだまだ素人であり、なぜそこで「違うと思います」と悟れるのか、まったく理解に苦しみます。

もし「これはイメージ通りだった」という世界があれば、それはド素人でもイメージがつく程度の、ものすごく軽い世界に過ぎません。

そんなところに行き着くと、逆に不幸です。そんな軽い世界には、簡単にそれを覆す異業種や異文化が押し寄せてきて、あっというまに自分の居場所がなくなるからです。

そして、ド素人のイメージ通りに生ぬるい仕事をやり続けてきた人には、大した技術もノウハウも蓄積されておらず、また大変な漂流生活が始まってしまうのです。

それを考えると、「イメージと違う」と思ったら、イメージと違う場所から自分が遠ざかるのではなく、**イメージと違うなどと思ってしまった自分をそのイメージと違う世界に**

近づけたほうが、圧倒的に得るものが多いといえます。

イメージと違うと思ったら、自分ではイメージできなかった神髄に切り込んで、今度は自分が世のド素人にその正しいイメージをきちんと普及する役になればいいのです。

実際、そうする人が出版を果たしたり、テレビ番組に取り上げられたりして、その世界のトップを走ることになるのです。

「イメージと違う」のは、自分の未熟さゆえです。

「これはイメージと違って、大変な仕事だ」とその大変さに気がついたとしたら、どうやったらその大変さについていけるのかを、ついていけるまでチャレンジしてみる。

「これはイメージと違って、ここがダメだな」とそのダメな部分に気がついたとしたら、どのようにダメなのかをしっかりと見極め、そこから離れるのではなく、その改善にチャレンジしてみる。

そこまで成し遂げてようやく、「当初は自分のイメージと違うと思っていたが、当時の自分のイメージなんてこんな程度だったんだなあ」ということがわかってくるのです。

「イメージと違う」と思ったら、それは自分をさらに高めるチャンスなのです。

Rule 23
お客様や自分を応援してくれるコミュニティ（チーム）を作ってから起業する

起業のしかたにはさまざまな方法があると思いますが、大きく分けるなら、「会社を辞めてから起業する方法」と、「会社員をしながら起業する方法」です。

私の場合は会社員をしながら、週末起業として立ち上げていきました。週末起業の立ち上げ方もさまざまな方法があると思いますが、私が実践してきた立ち上げ方法は、**先にファンや応援者、お客様を作ってから起業していく**という方法です。

よくあるのが、

「●●業界で、〇〇というシステムを作れば、ニーズがあって売れると思うんです！　そのシステムを作って起業しようと思います！」

と意気込んでいるのですが、

「では言葉だけではわからないので、試作品を見せてください」

と言うと、

「まだ作ってないんです」

「では、あなたは●●業界のコネクションがあるんですね」

「いいえ、ありません」

といったやりとりになることがあります。

世の中ではこれを妄想と言います。システムもないし、コネクションもない。単純に頭の中だけで作った仕組みです。こんなものが売れるはずがありません。


当たり前のことですが、商売はお客様か商品かどちらかがないと、スタートできません。

この話だと、

「システムは作ったけれど、お客様がまだいない」

「お客様はいるけれど、システムがまだない」

のどちらかならスタートできます。どちらもない状態ではうまくいくはずがありません。


しかし、こういう妄想をして起業家になりたいという人はたくさんいます。特に脱サラして飲食店を経営しようとする人にこの傾向があります。

お客様もいない、飲食店で働いたこともない。そんなどちらもない人が、単純に料理が好きだからといって始める商売がうまくいくはずがありません。

ちなみに、飲食店は他の業種に比べ最も廃業率が高く、開業から3年以内の廃業率は70%、5年で80%、10年では90%以上と言われているほど生き残るのが難しい業種です。まさに自殺行為です。

まずはノウハウのある商品やサービスで事業を始めるか、既知のお客様へ販売する事業を始めるか。起業はどちらかがないとスタートすることができないのです。

メンターが私に言いました。

「世の中の大半の起業する人は、起業してからお客様や自分を応援してくれるコミュニティ（チーム）を作る。私は会社員をしながら、お客様や自分を応援してくれるコミュニティを作り、そして起業した。中野君も、まずは会社員をしながら、お客様や自分を応援してくれるコミュニティを作り、そして起業するんだ。そうすれば泥縄にならないですむからね」

そこで、私は仕事終わりの時間や週末の休みの時間を使って、お客様や自分を応援してくれるコミュニティ作りからスタートしていきました。

まずは自分が影響を受けると決めたメンターのコミュニティに入り、学ぶことから始めます。私もメンターがやってらっしゃる起業塾のコミュニティに入り、そこで学びまくりました。

そこでたくさん学んで吸収したら、今度は自分から始まるコミュニティを作るのです。コミュニティ＝チームともいえます。

どんなに天才でも1馬力では限界があります。ビジネスオーナーはコミュニティ（チーム）を作るのです。成功にはチーム力が大事なのです。

スティーブ・ジョブズは天才でしょうが、彼1人だったらアップルは立ち上がってないと思います。スティーブ・ウォズニアックとチームを組んで仕事をしたので、アップルは立ち上がったのです。

iPhoneもMacbookもiTunesも、スティーブ・ジョブズ個人が作ったのではなく、開発チームが作ったのです。

言うまでもありませんが、私は天才でも完全でもありません。でも、チームとしては、それぞれが異なる強みを生かすことによって、完全を目指すことができます。

私は、メンターから良いコミュニティ作り＝良いチーム作りをする方法を学んできて本当に良かったです。

1人で頑張るのではなく、良いチームを作っていくことが、成功のカギなのです。

良いチームを作るのに重要なのが「在り方(be)」であり、「人間関係(relationship)」です。よく、「自分のコミュニティを作るって、大変じゃないんですか?」と聞かれます。実際問題、大変です(笑)。大変だけど、それが面白いし、価値があります。人と出会い、お互いの価値観を共有し、価値観を合わせ、お互いに協力し合う仲間になっていく。お互いの夢や目標は違えど、手を取り合って、同じ方向を目指して走っていく!

自分の目指すビジョン(ビジョンが明確でなくても目指す方向性)を掲げ、そのビジョン、方向性に共感した人が、あなたのコミュニティになり、チームになっていくのです。もちろん、人間は機械ではありませんから感情があります。時にはぶつかることもあります。そこに、たくさんのドラマが生まれ、人間的な成長が伴い、あなたの魅力が増していくのです。

人は魅力に集まります。コミュニティ作りは、人を集めるのではありません。**あなたの**

魅力に人が集まってくるようにするのです。

そのために、自分の目指すビジョンや目指す方向性を掲げ、行動し、チャレンジするなかで、自分を研磨していくのです。

私はもともと内向的で暗い感じの性格だったので、友達が多くありませんでした。なので、ほぼゼロからコミュニティ作りをしていきました。

まずは人脈を増やすために、交流会やイベントなどいろいろなところに顔を出しました。そして、そこで知り合った方々と飲み会をしたりしながら人脈を広げていきました。

拙著『億を稼ぐ人の習慣』にも書きましたが、まずは自分のホームを作り、そして、コミュニティ仲間が集まれる場所を作っていきました。

起業し始めの私のホームは、もうなくなってしまいましたが、大阪マルビル内のスタバでした。仕事が終わったら、用事がなくてもまずはすぐにマルビルのスタバに行き、そこで作業をしたり、人に会ったりしていました。そして、ビジョンを語り、共感し合った人とコミュニティを作っていきました。

マルビルの廊下の奥にベンダーコーナーがあり、そこにハイテーブルが2つあったのですが、まずはそことスタバをコミュニティの集まる場所にしました。ある意味そこが私たちの基地でした。

後述しますが、そこからコミュニティが大きくなっていくなかで、現在私がやっている飲食事業につながっていきました。

あなたもまずは、お客様や自分を応援してくれるコミュニティ（チーム）を作ってから起業するようにすることをオススメします。そして、コミュニティ、チームとのご縁は一生ものだと私は思っています。

どんな大企業であっても、一世を風靡した会社や業界であっても、栄枯盛衰は世の常です。すべてのものは移り変わります。

今、あなたがいる会社が10年後もあるかどうかはわかりません。

今ある職業も、20年後はあるかどうかわかりません。

しかし、人との繋がりだけは、どちらかが切ろうと思わなければ、一生続けられるものだと、私は思っています。

あなたはどれだけの一生もののご縁を作っていきますか？

Rule 24

コミュニティメンバーとお金の関係を作っていいの？

たまに、コミュニティメンバーとお金の関係を作るのには抵抗がある、という人がいます。もちろん、お金の貸し借りの関係は作るべきではないと思います。


しかし例えば、コミュニティの仲間の1人がバーを立ち上げたとします。

どうせ飲みに行くなら、全然知らない人が経営しているバーに行くより、コミュニティの仲間のバーに私は行きます。

違う仲間がラーメン屋を立ち上げたとします。

どうせラーメン屋に行くなら、全然知らない人が経営している店に行くより、仲間の店に私は行きます。


あなたもそうじゃないですか？

親友がお店をオープンさせたら行ってあげたいと思うし、行ってあげますよね？

高い安い関係なく、親友や仲間が頑張っているなら応援してあげたいと思いますよね？
どうせお金を使うなら、自分の仲間の店で使おう。仲間のサービスを使おう。どうせお金を落とすのだったら、知り合いや仲間のビジネスに落とそう。

友達だからこそお金の関係を作れるのです。それが真の友情であり、真の人間関係ではないでしょうか？

ビジネスオーナーの価値観はそういったものだと思います。

世界のお金持ちの代表といえば、ユダヤ人や華僑（かきょう）が有名です。
華僑は自分の贅沢などにはお金を使わないそうです。一方、自分の仲間にまわすお金はケチらないそうです。
コミュニティの仲間に使ったお金は、自分の財布から消えるのではなく、相手の財布に移動すると考えているそうです。財布から、貯金箱や銀行口座にお金を移すのと同じ感覚なのです。

つまり華僑は自分の財布以外にもたくさんの財布を持っていて、仲間のビジネスにお金を落とすことで仲間の財布にどんどんお金を貯めていくわけです。

「お金は天下の回り物」という言葉がありますが、華僑にとっての天下とは、大事な仲間を指すそうです。ボスを中心として固く結びついた、顔の見える仲間のネットワークが華僑の「天下」なのです。

ですから、「お金は天下のまわりもの」ということわざも、単なる精神論ではなく、リアルな教訓となっています。

仲間にお金をまわし、仲間が育てたお金がまた自分にまわってくる。なので、華僑は必ず知り合いのビジネスにお金を落とすと決めているそうです。

華僑といえば、チャイナタウンが有名です。

チャイナタウンにはすごく売れている店舗がある一方、閑古鳥が鳴いている店舗があります。

なぜ、後者は潰れないのか？

コミュニティ内で経済を還流させているからだそうです。

お互いにお金をまわしていく、そんな一生もののコミュニティや仲間を、たくさん作っていきたいですね。

Rule 25 普通に売っているものを売る

「新しくこんなものを売りたいんです！」
「こういう斬新なサービスをみんな求めているはずです！」
などと意気込んで起業する人もいます。

残念ながら、こういった人は全然売れなくて撤退します。そんな人をたくさん見てきました。なぜそうなってしまうのでしょうか？

それは、起業時の会社経営と、会社が安定してからの会社経営とは、事業のやり方が少し違うからです。事業規模や売り上げなどのステージで少しずつやり方が変わるのです。

起業して数年経ち、ある程度お客様もいて、資金もある状態。つまり、そこそこ事業が成功しているなら、今までにない新しいものやサービスに手を出してもよいかもしれません。

しかし、起業当初は当たるかどうかわからない、新しいものや斬新なサービスという、ある意味賭けに出るよりも、まずは**普通に売っているものを売る方が、リスクを回避でき**

るのです。

そもそも、今まで誰も考えついたことがないもの、世界で初めてというものは、なかなか売れないからです。日本人だけでも1億人以上います。その1億人が考えたこともないものは100%売れません。

それにあなたが斬新で世界初だと思っているだけで、本当はどこかの誰かが販売し、売れずに撤退しているものがほとんどです。

なので、起業後にある程度会社が軌道に乗るまでは、まったく新しいもの、斬新なものは我慢してください。売り上げが安定し、利益が出始めてからでも遅くはありません。

つまり、特別なものやサービスを売る必要はないのです。

物販なら、消耗品や生活用品の販売でもいいですし、サービスならエアコンや家のお掃除など、ありふれたものでいいのです。消費者が聞いてすぐにわかるもの、商品自体に信用があるもの、これが普通のものです。あなたが何者であっても、聞いたことがない会社であっても、今まで他の店で買っていたものと同じようなものであるなら、安心して買ってもらえるのです。

そして、可能であれば、景気に関係なく、老若男女が使い、技術革新が少なく、リピート性のあるものを扱うことが理想だと思います。

後述しますが、私は営業代行の案件で食品やサプリメント、日用品を扱いましたが、景気が悪くても食事はするし、シャンプーや洗顔などの日用品も使います。「ちょっと景気悪いから頭と顔を洗うのやめるわ」とはなりません。老若男女問わず食品やサプリメント、日用品は必要なのです。

ＩＴ業界などは日進月歩で技術革新が進み、変化のスピードが凄いです。しかし、食品やサプリメント、日用品は技術革新が少ないです。「化粧水つけたら鼻めっちゃ高くなった！」とかはありえないのです。そして、リピート性があります。

こうした、みんなが知っている普通のものやサービスを扱って、会社を軌道に乗せることが、起業し始めに必要なことなのです。

Rule 26

世界中の人に売らない

たまに、人類なら誰もが欲しがる、夢のような商品を開発して売りたいという夢を語る起業家に出会います。

「東京には今1300万人以上の人が住んでいて、日本には1億2000万人以上、世界なら80億人いて……」

とにかく話がでかいのです。

こういう夢のような商品は、逆にいうと誰にも売れない商品、ターゲットが絞りきれていない商品ともいえます。それに、そもそも誰もが欲しがるような商品を取り扱う場合、それ相応な費用が必要になります。

多くの人に売るなら、商品を知ってもらうための広告費も膨大になります。人をたくさん雇う必要が出てくるでしょうし、倉庫や配送などの物流コストも大きくなります。お金にしても人にしても、立ち上げ時期の起業家の手に負えるものではありません。

あなたの商品は世界中の人が買ってくれなくてもいいのです。特定の地域のごく一部の人が買ってくれるものでいいのです。これはつまり、「**お客様の見える商品**」です。

また、ターゲットや見込み客は多い方がいいと考えて、何千人もいる団体や、加盟企業が多い公共団体などへ積極的にアプローチする起業家もいますが、たいていは徒労に終わります。

その団体に入っている人が買うかどうかは、その人ひとりひとりの判断なのです。団体があなたの商品を強制的に買わせることなんてことはありません。

前提として、規模が大きければ大きいほど、団体の会員への影響力は弱くなる傾向があります。

「某所の商工会議所と提携しました！　これでうちの商品も爆発的に売れますよ！」

こう言っていた起業家の方に1年後にお会いしましたが、結局1つも売れなかったそうです。

結局は、あなたの影響力を発揮できるかどうかにかかってくるのです。どれだけ大きな団体と提携できても、あなたの影響力が小さければ、効果は期待できないのです。

何度も書いていますが、私は会社員をしながらメンターの仕事のお手伝いをし、コミュニティ作りも同時進行で行いました。

そして、私から始まるコミュニティが30人くらいになった時に、営業代行案件からの収入が会社員の収入を超えたので脱サラをしました。

私がコミュニティメンバーと信頼関係を築き、影響力を発揮できたからです。

コミュニティの人数が数十人ほどでも、あなたの人となりが伝わり、人間関係があるコミュニティであれば、「ちょっと説明聞きたいんだけど」となって、商品は売れるのです。

Rule 27

起業時は全部自分でできるようにしておく

起業したてにもかかわらず、いきなり人を雇ったり、外注したりする社長がいます。これは資金が潤沢ではない起業家がやることではありません。起業して軌道に乗るまでは、自分自身でできない仕事、人に頼らなければできない仕事は選択しないほうがいいでしょう。

会社経営は何が起こるかわかりません。経営者というのは、資金が尽きて外注先に支払えない、社員が突然辞めた、取引先が倒産してしまった、ということがあっても、**自分一人でなんとかしなければなりません**。それが会社経営というものです。

会社員時代は、困ったことがあっても、会社や上司がなんとかしてくれたかもしれませんが、起業したらあなたしかいないのです。

自分自身でなんとかできないことをビジネスにするのは非常にリスキーなのです。

私の知り合いに、ＨＰ制作の仕事で起業した方がいます。彼は営業が得意なものの、Ｈ

Ｐの制作は素人でした。そのため、ＨＰの制作は外注し、自分は営業だけをすることにしました。抜群の営業力で、どんどん売り上げが上がっていきました。

ところがある日、彼が販売したＨＰでトラブルが発生しました。知識がない彼にはどうしようもありません。

のちに、彼が信頼していたＨＰ制作会社は、レベルが低い制作会社だったことがわかりました。制作会社もトラブルの原因がまったくわからない状態です。彼はどうしてよいかわからず途方に暮れました。

起業を志す人のなかには、事業はなんでもいいからとにかく起業したい、社長になりたいという起業家もいます。

私もそうでした。

こういった人のなかには、この事業をやりたいというのではなく、自分の持っているスキルさえ活かせれば上手くいくと考えている人が少なくありません。販売が得意、人脈があるなど、さまざまなパターンがあります。

スキルを活かすという考え方は素晴らしいと思います。しかし、先ほどの起業家のように、HP制作については一切なにもわからないということでは困ってしまいます。

スキルで起業しようとしている人には、自分はそのことに関して知らなくてもいい、学ばなくてもいいと考えている人が多いように感じます。それは大きな間違いです。

起業して軌道に乗るまでは、ザ・超Sクワドラントとして、全部自分でなんとかする必要があるのです。

社長業とは、誰にも助けてもらえない孤独な仕事です。もちろん、メンターや兄弟弟子がいれば、倒れかけた時に肩は貸してもらえるかもしれません。しかし、最後には自分の足で立つ必要があります。トラブルの時には、自分自身でなんとかしなければならないのです。

もし、外注したいのであれば、次のステップを踏むことです。

① 知識を蓄え、自分でなんとかできるまでレベルアップする
② その上で効率を上げ、売り上げを加速させるために業者に外注する

「私が詳しく知らなくったって、外注先ができるっていうからいいんじゃないの？」

そう思うかもしれませんが、ひと通り学び、知識を蓄えることには意味があります。自分のスキルや知識が低ければ、トラブルへの対応はもちろん、依頼する外注先の仕事のレベルですらわかりません。

世の中には、仕事が適当な会社や、レベルが低いくせに、広告だけうまい会社がいくつもあるのです。そんな会社に外注してしまったら大変です。

起業時はすべて自分でできるようにしておく。どんなことを聞かれても確実に答えられるというレベルに達していなければ、成功とはほど遠いことになるでしょう。

自分の立ち上げるビジネスに関して猛勉強してレベルを上げ、全部自分でやるんだという覚悟がないのであれば、成功は諦めてください。

第4章

いよいよ起業！「普通」の壁を突破しよう

Rule 28

店舗を持たなくても良い状態で週末起業から立ち上げよう

前述しましたが、私はメンターの仕事をお手伝いしながら、経営者としての考え方を、実践を通して少しずつ身につけさせてもらいました。そこから業務委託契約を結ばせていただき、自分のビジネスをスタートさせました。とくに事務所や店舗を持つ必要がなかったので、ありがたかったです。

事務所や店舗を持つ必要があるビジネスから起業すると、家賃などが発生します。もちろんそういうビジネスからスタートする方もいらっしゃいますし、それが悪いわけではありません。ですが、資金力がない私にとっては、会社員をしながら、家賃などの固定費が必要のない、業務委託からの週末起業は立ち上げやすく、継続もしやすかったのです。固定費などのランニングコストがかかってくると、継続がしにくくなります。

会社員をしながら、業務委託の仕事をこなし、コミュニティ作りも頑張っていると、さらに、メンターから営業代行の案件を紹介していただけることになりました。

単発の案件もあれば、長期の案件もありました。小売店支援の営業代行や、キャリア支援に関する営業代行、不動産仲介に関する営業代行などなどさまざまな案件を紹介していただきました。

営業代行の仕事も事務所や店舗を持つ必要がありません。

今でこそ、営業代行案件を探すプラットフォームなどもありますが、私が立ち上げた当時はそういったものがなかったので、自分で案件を取ってくるか、紹介していただくかしかなかったのです。

ただ、今はプラットフォームがあるからといっても、案件が取れるかどうかは、その人のスキルや経験、そして営業力と提案力次第なので、一部の方に案件が集まり、ほとんどの方は案件にありつくことすらできない状態のようです。

やはり、ここでも**人脈、コミュニティが大事になってくる**のです。

人脈やコミュニティからの紹介で案件情報が来たり、取り組む案件の内容によっては、人脈やコミュニティにマッチする商品やサービスがあるので、売り上げがあがったりするのです。

私の場合、小売店支援の営業代行では、小売業者等へ向けた販路拡大サービスはもちろんのこと、売り場づくりや販促活動、見込み客の集客から、売上アップや安定的な事業継続などの支援、POPやラベルなどの作成、ソーシャルメディアを用いた広告プロモーションなどもやりました。

その中で、食品、サプリメント、日用品などいろいろ扱いましたが、私のコミュニティメンバーが使うものばかりだったので、かなり売上があがりました。

また、キャリア支援に関する営業代行では、コミュニティメンバーの転職のお手伝いをしたり、SEの方がフリーランスになるお手伝いもできました。不動産仲介に関する営業代行では、コミュニティメンバーの引越しのお手伝いができました。

コミュニティというのは、その中で商売が立ち上がると、みんなのお役に立つことができて、喜んでもらえるのです。

まずはあなたもコミュニティを作り、メンバーのお役に立つような商売をコミュニティに連動させながら、店舗を持たない週末起業で立ちあげていくことをおすすめします。

Rule 29

週末起業をすると決めたら最初にすべきこと

「週末起業をする」と心に決め、メンターを決めたら最初に何をすべきでしょうか？　資本金を集める、事業計画書を作る、開業届を出す、などなど色々思い浮かべる人もいるでしょうが、実はそれ以前に着手すべきことがあります。

それは、「**時間を作る**」ということです。

会社に勤めながら週末起業をするにしても、どうしても目の前の仕事や人間関係を優先してしまい、先延ばしにしてしまう人が多数です。

「空いた時間でやればいい」と思っていた結果、週末起業を思い立ってから3年も4年も何も動かずに過ぎていたなんて人もけっこういます。そういった人は結局、週末起業のための準備や動くための時間を確保することを、先延ばしにしているのです。

週末起業の準備や立ち上げのなかで、やるべきことはたしかにたくさんありますが、ひとつひとつ見ていくと、決して難しい内容ではありません。それができないのは、単純に時間を割いていないというだけです。

もちろん会社の仕事はきっちりこなすことは大前提です！　残業や休日出勤、出張などがある人もいるかもしれません。また、これまでの会社での飲み会などのお付き合いや、プライベートでの友達からのお誘いなどもあるでしょう。

私の場合、当時の会社員の仕事は毎日終電帰りでした。土日も休日出勤がけっこうありました。その時間のない状態を変えたいということも週末起業にチャレンジした理由のひとつです。

メンターに、

「中野くんが『今』何を優先しているかを見れば、中野くんの将来がどうなっていくかがわかるよ。

『会社員の仕事』を最優先にしていたら、会社員として生き続ける人生になっていく。『クワドラントを変えるための勉強や行動』を優先するなら、将来的にクワドラントを変えていくことができる。人生において、優先順位を一番にしたものが最大化していくんだよ。

人生には決定的に重要な少数と、取るに足らない多数がある。上位20％のさらに20％、つまり上位4%の重要なことを第一優先にする。これが人生の優先順位の秘訣だよ」

と教わりました。

そこで、優先順位を変えなければと思い、まず残業を減らしていきました。いきなりすべては無理でしたが、まずは朝1時間いつもより早く出勤して、1時間早く帰るようにしました。そして、すこしずつ、帰る時間を早めていきました。

もちろん仕事はきっちりとやりました。しかし、私の当時の仕事は期限のある仕事はそれほど多くなかったので、期限のある仕事を最優先にこなし、期限のない仕事は帰ると決めた時間まではやるが、帰ると決めた時間になったら、スパッとやめる。

ぶっちゃけ、仕事はさがせばいくらでもあります。そこにかまっていては、いつまでも自分の時間が作れません。**メリハリをつけてやる必要があるのです**。

休日出勤も、何かと理由をつけて断るようにしました。

時間を作ることができたので良かったですが、もし、このようにして時間を作ることができなければ、転職したと思います。

Rule 30

人生の選択は「今」しかない

「会社の仕事」と「自分の人生」、どちらが優先順位が高いですか？　という質問をすると、「そりゃ自分の人生ですよ」と答える方は多いでしょう。

しかし、「今は会社の仕事が忙しいから自分の将来なんて考えられない。３ヶ月後くらいに落ち着いたら考えるよ」という言い訳や先延ばしをする方がほとんどです。そういう人は、見事に３ヶ月後も同じことを言っているものです。

仕事が落ち着くことなどあるのでしょうか？

休日は本当に時間がないのでしょうか？

人生の選択に、「３ヶ月後」なんていう概念はなく、常に「今」しかないと思います。

人生において、状況が整うことはありません。状況が整うのを待っていたら、人生が終わってしまいます。「今、この瞬間」の優先順位が大事なのです。忙しいときこそ、本質が出ます。「今」の連続が人生なのですから。

優先順位については、自分を変えるきっかけが目の前にあるにもかかわらず、みすみすスルーしている人が本当に多いのには、いつも驚かされます。

ある時、転職したいから転職エージェントを紹介してほしい、という知り合いの男性がいました。

「今度私の知り合いが、キャリアアップのセミナーをするから行ってみたら？　先方には伝えておくよ」

と伝えると、彼は次のように断ったのです。

「その日は彼女とデートなんですよ〜。行けないですね〜」と。

結局は、自分の都合（あるいは彼女の都合？）を優先してしまっているのです。

チャンスを掴むことができる人は、何よりも解決策の可能性に目を向けて行動するので、自分の都合は後まわしにします。

具体的に言えば、「**解決策のために、優先順位を変え、自分のスケジュールをなんとか調整できる人」がチャンスをモノにできる**のです。

チャンスと見るや、スケジュール帳など確認せずに、即答で予定を決め、あとでなんとか調整する。それがチャンスを掴むための秘訣だと思います。目の前の予定を変えられない人は、自分の人生を変えることなどできないでしょう。

もちろん、なんでもかんでも先約を断って、予定を変えろということではありません。この人からのお誘いやアドバイスに対しては、必死になってスケジュールをやりくりして乗ってみるという相手を決めておくことです。

私にとってはそれがメンターなのです。

私の兄弟弟子のご夫婦で、メンターが開催している重要なセミナーと、ご自身の結婚式が被っているご夫婦がいました。1年も前から予約しなければいけないくらい人気の式場を予約されていました。

そのご夫婦は即決でご自身の結婚式の日取りを変更したのです。たまたま近くの日取りでその式場が空いていたそうです。凄い優先順位です。

そのご夫婦は今では年収が1億円を突破し、幸せな事業家夫婦として活躍されています。

あなたの優先順位はいかがですか？

Rule

31

少数派に入る覚悟

週末起業から右側のクワドラントにチャレンジしていく生き方は、はっきり言って、普通の生き方ではありません。Eクワドラントの常識には当てはまりません。多数派ではなく、少数派なのです。多数派でいる限り、大きな富を得ることはできないのです。

なのに、多くの人が多数派でいることを望んでしまいます。自分の常識外のことがあれば、「あり得ない」と片付けてしまいます。

保証やエビデンスを欲しがり、不確実なことに対してはリスクだけを感じて「危ないいんじゃない？」と尻込みをします。それでいて、「もっとお金を増やしたい」「もっと自由な時間がほしい」と願っているというのが、多くの人の実情ではないでしょうか。

不確実なことに対してリスクを感じるのは、人間の感情として当然のことなのかもしれません。しかし、その「当然」から抜けだした人だけが、少数派である成功者になれるのもまた事実です。

なので、**成功者を目指す人にとって、本当にリスキーなことは、多数派に入ってしまう**

いうことなのです。

ことなのです。そして、多数派とは何かといえば、それは「一般的な常識を信じる人」ということなのです。

たとえば、国が発信している情報なども一般的な常識といえるでしょう。それを鵜呑みにしてまわりの人と同じことをすることが、経済的、時間的に豊かになるためには一番やってはいけないことなのです。

戦前の日本は、戦費調達のために国債をガンガン発行し、

「国民のみなさんはどんどん国債を買いましょう！」

「国債を買うことは、国のためになる良いことなんだ」

「国債を買うことは常識だ。買わない奴は非国民だ」

と煽りました。

その結果、終戦後に日本は財政が破綻し、預金封鎖をしました。世間の常識に盲目的に従っていれば安心安全なのかというと、必ずしもそうではないのです。

そして今、国はＮＩＳＡやiDeCoのことを発信しています。私たち納税者からすれば、

この手の非課税制度の充実化は、納める税金が減るので大歓迎です。が、国の立場から考えれば、それだけ税収額が減ることになるので、大歓迎というわけにはいきません。

それでも、国が一定条件付きとはいえ、このような非課税制度を認めたのには、もちろん理由があるのです。

日本は今、本格的な人口減少社会の入口にいます。総務省統計局が作成・公表している「人口推計」によると、2017年1月1日時点における日本の総人口は1億2686万人（概算値）で、2010年（1億2805万7352人。10月1日現在）に比べて約120万人の減少です。

この数字は将来、さらに減少していきます。国立社会保障・人口問題研究所の「日本の将来推計人口（平成24年1月推計）」によると、日本の総人口は2048年に1億人を割り込み9913万人程度になります。

65歳定年が定着したとして、今40歳の人が定年を迎える頃が、この時期にあたります。加えて総人口の減少とともに、医療技術の発展によって長寿化が進み、人口構成は一段と高齢化します。2010年時点における70歳以上人口が、総人口に占める比率は16・6％ですが、2048年には31・4％にまで達します。

これらの数字から読み取れるのは、現役世代にとって年金や健康保険など社会保障負担が一段と重くなる一方、高齢者世代にとっては受給できる社会保障が少なくなるということです。

人口減少と高齢化が加速していくなか、今までのような手厚い社会保障を、国民一人一人に対して政府が保証するのは、一段と困難になっていきます。つまり、「貯蓄から資産形成へ」という新しいスローガンを掲げ、NISAやiDeCoという投資非課税制度を国が充実させているのは、「国として、社会保障制度を今まで以上に充実させるのは無理なので、資産形成をサポートするための非課税制度を充実させますから、皆さん、自分たちで頑張って資産を殖やしてください」と、暗に示唆しているということなのです。

「世間の常識」は、新しい世界に入り、自分の未来を切り拓くための足かせとなりかねません。「世間の常識」とは違う道を進む、常識ではないという意味で、非常識な生き方なのです。

Rule 32

友人が減ることを恐れるな

少数派になることについて、メンターから、

「中野くん、人とは違う、ある意味で非常識な生き方をしたいなら、非常識な行動が必要なんだよ。**まわりから変わってるとか、おかしいとか言われたら、いい方向に向かっていると思ったらいい**よ」

と言われました。

私はメンターに弟子入りをしてすぐ、メンターがいらっしゃる勉強会には、毎回通いました。東京に行くことが多かったですが、東京に行くときは土日が泊まりなので、金曜日はスーツケースを持って出社していました。

「中野、会社にスーツケース持って来て、どないした？」

「いや、ちょっといろいろありまして……」

と不思議に思った同僚の追及をなんとか誤魔化してました。

大阪の会社で仕事をしたあと、夜行バスで東京へ。早朝に着いてそこから勉強会に行き、土日はフルフルで勉強をして、また夜行バスで大阪に帰っていました。そのまま家に帰らずに直行で会社に出社していたので、スーツケースは持ったままです。


「またスーツケース持って、どうした?」

「いや、ちょっといろいろありまして……」


というくだりをまたやります。ダブルワーク中の3年間はずっとこんな感じでした。

この3年間、サプリメントとブラックコーヒーでなんとか乗り切りました。いくら20代とはいえ体力的にはしんどかったのですが、心は充実していて絶好調でした。

まわりからは、「あいつ、しょっちゅう会社にスーツケース持ってきて、土日に何やってるんだ?」と、あきらかに変に思われていました。まさに非常識な行動をする人間でした。でも、それでいいと思っていました。

また、会社の上司や同僚、今までの友達からの飲みの誘いなども、ビジネスオーナーへの道につながるものでなければ、行かないようにしました。

もし、あなたが今の先行き不安な生活から抜け出し、週末起業を立ち上げ、新しい自分になりたいと考えているのであれば、今の日常では決して聞くことのできない「クワドラントの右側に行くための話」を仕入れることが重要です。

自分の人生を変えるような話、自分の概念を覆すような話を、会社の上司や同僚との飲み会の席や、社員食堂、友達との飲みの場で耳にすることはまずないでしょう。経済的自由、時間的自由になるための話は、実際にそうなっている人たちから聞くべきなのです。

同僚と飲みに行って会社の愚痴を言い合う。上司や、後輩、部下と飲みに行ってEクワドラントの仕事への心構えを教わる、教える。これらは、今の仕事においては「ガス抜き」としてなんらかの意味があるかもしれませんが、そのコンフォートゾーンに安住してしまっては、明るい未来はないのではないでしょうか。

友達同士で、「もっとお金持ちになりたいな〜」と、行動の伴わない願望を語ってばかりのゾーン。そこに居心地の良さを感じてしまうことが、大きな落とし穴となるのです。

もしあなたが、今のままの生活に満足し、日本の社会保険制度を信頼し、今の会社で定年を迎えることが最高だと考えているならば、少数派に入る必要はないでしょう。

しかし、これから来るべき時代を見据え、少しでも「今以上にお金は必要だ」「今よりも豊かに暮らしたい」「経済的自由、時間的自由を得たい」と考えているのであれば、あえて少数派の行動をし、少数派に入っていく必要があるのです。

私もメンターに出会ってビジネスオーナーの勉強をしだしてからは、当時勤めていた会社の上司や同僚との飲みはまったく行かないようにしました。前向きな話やビジネスオーナーに関する話ができない友達との遊びや飲みも行かないようにしました。

そして、メンターの勉強会や、メンターと兄弟弟子たちとの集まりや、前向きな話ができる友達とだけ会うようにしました。

ビジネスオーナーになるためには、ビジネスオーナーに向かう話ができる人とだけ一緒にいるべきなのです。英語を話せるようになりたければ、英語漬けにするような感覚です。

ただ、そうはわかっていても、人は「自分と同じような人」に共感共鳴してしまいます。その結果、今までの自分と同じような価値観や知識を持ち、同じような世界に住む人とばかり一緒にいてしまう。これでは先に進めません。非常にもったいないことです。

メンターに弟子入りしたばかりのころ、飲みに行った親友に、「ビジネスオーナーになって30歳までに月収100万円取るから！　お前も一緒にビジネスオーナー目指そうぜ！」と言ったら、「そんなうまい話あり得ない！　騙されてるから止めとけ！」と言われました。それ以降、その親友とは彼の結婚式までは一度も会いませんでした。

普通の人はそう思ってもしかたがないのかもしれません。しかし、少数派である成功者は、誰もが「そんなバカな。そんなの無理だ」という話にも、信頼に足る人からのビジネスの話であれば真剣に耳を傾けるものです。

そうではない一般的な人が、自分と同じような価値観、同じ世界のレベルの友人に私のような話をすると、同じように諭されるでしょう。

これは実際に私の女性のお弟子さんにあった話です。そして、彼女は友人の意見を尊重し、ビジネスオーナーを目指すことに消極的になってしまいます。彼女を諭した友人は彼女と同じく、年収300万円レベルの男性だったそうです。

「ビジネスオーナーになって経済的自由、時間的自由を手に入れたい！」

「年収1億円を実現させたい！」

そんな希望を胸に勉強会に参加していた彼女ですが、結局尊重してしまったのは、自分と同じレベルの友人の意見なのです。

Rule 33 少数派になることは、ステージが変わること

あなたは、本当はどちらの世界に行きたいのですか？

ビジネスオーナーとして経済的自由、時間的自由を手に入れるという「新しい世界」に行けば、当然ですが新しい仲間が待っているでしょう。しかしそれは、今はまだ見えないものです。だから、今いる仲間と離れてしまうことに不安を感じてしまうのです。

自分のステージが変わると、生活スタイルや価値観もそれに合わせて変わっていきます。今までのステージの友人とは、おそらく話が合わなくなるはずです。だから、「自分がどのクワドラントで生きていきたいのか？」を明確にしておかなければならないのです。

いってみれば、**「今までの友人と話が合わなくなるかもしれない」**という覚悟が必要になるということなのです。

私は、単純に「お金持ちは偉いんだ」などと言うつもりはありません。また、今までの友人との縁を切れと言っているわけでもありません。私も、昔からの友達とのご縁も大事

にしています。前述の親友とも、連絡はとっていますし、年に一度は飲みに行ったりもします。彼も会社員として頑張って家族を養っています。人として大好きな親友です。

ステージが変われば友人が変わるというのは、皆さんも経験しているはずです。小学校から中学校、高校、専門学校や大学、社会人とステージが変わるたびに友人は変わってきたはずです。ステージが変わると一緒にいる人が変わるのは、普通のことなのです。

でも、もし自分にやりたいことがあるのであれば、将来に不安があるのであれば、経済的自由、時間的自由を手に入れたいのであれば、クワドラントの右側に行く必要があるのです。そのためには、今までの世界の居心地は捨てなければならないのです。

私は、「あいつは変わってる」「ちょっとおかしい」と言われるたびに、いい方向に向かっていると自分に言い聞かせていました。

あなたは、まわりから変に思われないために生まれてきたのではありません。自分を守るためではなく、一度きりの人生を、最高のものにするために生まれてきたのです。

多数派と少数派、どちらを選ぶのか、決めるのはあなたです。

Rule 34

家族に相談するな！

「何をするにも必ず家族に相談する」という人がいます。新しい世界にチャレンジするときに、真っ先に親や配偶者、家族に相談をし、決断を委ねる。その気持ちはわからなくもありません。私もはじめに両親に言いましたから（私は大反対されましたから、お勧めしませんが）。

大切な家族を尊重するということは、素晴らしいことではありますが、家族は相談相手として正解なのでしょうか？

当たり前のことですが、相談相手は「選ぶ」べきものです。新しいことにチャレンジするのであれば、しかるべき人に相談をもちかけるべきなのです。あなたがビジネスオーナーになりたいのであれば、ビジネスオーナーとして成果を出している人に相談すべきなのです。自然とそれは家族ではなくなります。

自分がこれまでとは違った「非日常」、金銭的リスクも時間的リスクも伴うであろう世界を目指そうと思っているところで、日常の代表とも言えるような「家族」に相談するというのは方向として間違っています。これは家族のみならず、親しい友人関係も同様です。

「お前何やってるんだよ」
「いつものあなたらしくないよ」
「そんな方向に行くなよ」

と、必ず日常に戻されてしまうからです。

家族をはじめとする親しい人たちは、あなたをビジネスオーナーに導く人ではありません。あなたを思いやり、その身を案じる人たちだからです。これはありがたいことですが、自分にとって身近な人というのは、可能性よりもリスクにばかり目がいってしまうものです。

要するに、「失敗したらどうするの?」ということを心配するわけです。これが、新しい人生を作る時に、あなたを今までの人生に引き戻そうとする強力なブレーキになってしまうのです。

最近の学生の就職先としての第一志望企業は、自分がやりたい仕事ができる企業ではなく、「親が望む大企業」という人が多いと聞いています。しかもその大企業というのは、「誰もが社名を聞いたことがある企業」、つまりＣＭで見たことがあるような会社だということです（私がいた大企業も誰もがＣＭで見たことがある会社でしたが、倒産しかけ、海外企業に買収されました）。

大企業に入れば、年功序列で昇給し、出世していける。そんな過去の常識が通用しないというのはもはや当たり前の事実です。それでもまだ親としては「大企業＝安定」という考えが強いのでしょう。

いつの時代も、成功者というのは「少数派」です。少数派に入っていくという不安を、プラスに考えられる人が成功します。

あなたを大切に思い、できれば危険にさらしたくないという本能が働く家族が、あなたをあえてリスクのある少数派に追い立てるということはありえないでしょう。「家族に相談するな！」とは、そういう意味なのです。

Rule 35

一緒にいる人を変える！

「人は環境の生きもの」といわれます。あなたが日本語をペラペラに喋れるのは、両親が日本語を話し、まわりも日本語だらけの環境で育ったからです。生まれてすぐに、アメリカに移住し、まわりが英語だらけの環境で育ったら、あなたは英語がペラペラに喋れるようになるでしょう。人は一緒にいる人の影響を受けるのです。

今現在、あなたがよく一緒にいる人を6人書き出してみてください。基準はあくまで、一緒に過ごす時間の長さで、人間関係の濃さではありません。あなたが長く時間を過ごしていると思うトップ6人を書き出し、その人が属しているクワドラントと、収入を書き出してみてください。その6人の平均が将来のあなたの姿といわれます。

24歳の時に、メンターに言われてこれをやってみたのですが、書きだした6人全員がEクワドラントでした。もちろんそれが悪いというわけではありません。

しかし、私はBクワドラントに行きたいと思っていましたから、そこから一緒にいる人を変えていきました。Bクワドラントばっかりの環境に飛び込んで、身を置き、月収が100万円から200万円を超える方々と一緒にいるようにしました。

それはある意味とても勇気のいる選択でしたが、5年後に、本当に私も月収100万円を超えました。この「一緒にいる6人の平均が将来のあなたの姿」という法則は本当なんだ、と身をもって体感しています。

自分がEクワドラントで、まわりが月収100万円以上のビジネスオーナーばかりという環境は、本当に居心地が悪かったです。しかし、メンターに**「居心地が悪くても、自分の成長にとって環境の良いところに身を置くといいよ」**と言われました。

例えば、もし目的が「英語がペラペラになること」ならば、日本人が全然いないような、アメリカの田舎の州に行くのが一番早いですよね。日本語がまったく通じず、自分もまだ英語が喋れない状況では、相当居心地が悪いですよね。でも、成長は著しいと思います。

英語しか喋らない人に囲まれて、自分を英語漬けにしたら、どんなに不器用な人でも3年もあれば、英語が習得できると思いませんか？

逆に、居心地がよく、自分の成長にとって環境の悪いところは最悪です。実家にいて、こたつに入って、みかんを食べてテレビを見ながらのんびりしていたら、居心地はいいでしょうが、成長はありません。

学びの多い場所は、居心地が悪いものです。例えば、ソフトバンクの孫正義氏とユニクロの柳井正氏と京セラの稲盛和夫氏に囲まれたら、居心地は悪いと思います。しかし、会話のひとつひとつが学びだらけでしょうし、3ヶ月もいたら相当レベルアップすると思います。

もしあなたが成長したいのであれば、あなたのステージを引き上げてくれる人と一緒にいることが重要です。**いつもと違う、その違和感、ギャップを成長の伸びしろと捉えて**、勇気を出してステージの高い人と一緒にいることをお奨めします。

経済的自由、時間的自由を手に入れたいなら、影響を受ける先を、そういう人たちに限定するということです。影響を受ける先と、受けない先を明確にして、自分で選ぶのです。

あえてはっきり言いますが、ネガティブな人からは離れた方がいいです。愚痴や不平不満、人の悪口ばかり言っている人からは絶対に離れてください。

「中野くん、愚痴や不平不満をどれだけ言っても、君の人生は1ミリもよくならない。メリットはひとつもないからね。そして、愚痴や不平不満、人の悪口ばかり言っている人とは距離を置くんだよ。自分の人生にすら傍観者でいる人の唯一の楽しみは、目指している人の批判だからね。気をつけるんだよ」とメンターに言われました。

せっかくあなたの心に灯った、「目指す人生にするぞ！」という情熱の火種を、人生を目指す気のないネガティブな人の一言で消されてしまうのは、非常にもったいないです！


人を選別しろ、と言っているわけではありません。自分がこれからどこに行こうとしているか、これから先、人生をどうしたいか、そういったことを見極めるためにも、この「あなたがよく一緒にいる人を6人書き出す」という作業は重要になってくると思います。

人は2人以上集まれば、必ずお互いに何かしらの影響を与え合います。これまでは、意識せずに影響を与えたり、受けたりしていたかもしれません。これからは影響を受ける先を、自分の意志で選ぶのです。

そして、あなたが相手にどんな影響を与えているか、与えたいかも考えて行動することをお奨めします。

ただ、「ネガティブな友達をポジティブにしてあげたい。与えてあげたい」と思うのであれば、まずあなたが、何があっても揺るがない太陽のように、圧倒的にポジティブになってからです。ネガティブの闇は強いので、あなたが相当強い芯を持っていないと、すぐにダークサイドに引きずりこまれてしまいます。

Rule 36 個人事業主か会社設立か？

起業する際、個人事業主として事業をするか、それとも会社を設立するか、必ず考えねばなりません。ここで迷う人は多いので、双方のメリットとデメリットを記しておきます。

個人事業主は手続きがとにかく簡単なのが大きなメリットです。所轄の税務署に個人事業主の開業届出書を出せば、それで終わりです。

一方で、会社を設立するには、登記をし、定款を作成するなど個人事業主に比べやや煩雑な手続きが必要になります（これらは現在インターネットで行うことができます）。

そのほかに、定款認証代、印紙代、登録免許税などの費用が発生し、株式会社なら手続きで20万円以上がかかります。

このように、個人事業主として事業を始めるのに比べると、会社設立のほうが労力はかかります。しかし、その分の見返りは十分にあります。

①一定の社会的信用が得られる

企業のなかには、法人としか取引しないというところも多くあります。また、従業員を雇用する際も、やはり会社のほうがイメージはいいでしょう。

②税制面のメリット

個人事業主の場合は、収入から経費を差し引いた所得すべてに所得税がかかり、収入が上がるほど税率が高くなります。

一方、法人税は税率が一定であるため、会社をつくったほうが節税になるケースがよくあります。また、法人の場合は、法人としての収入から経営者の報酬が支払われることになるので、経営者個人の所得税を抑えることができます。

そのほか、保険を経費として計上し、資金を内部留保できるなどの強みもあります。

個人事業主と会社設立を天秤にかける際、ひとつの目安となるのは、独立後の売上見込みです。会社というのは、設立するにも解散するにも費用がかかります。もし、自分だけで立ちあげ、小さな規模からビジネスを行うなら、とりあえず個人事業主としてスタートし、事業が大きくなってきたら会社をつくるというやり方もあります。

大まかな目安としては、年間1000万円くらいの売上があったり、同程度の投資を行ったりするようになれば、会社を設立してもいいかもしれません。

ちなみに、私は個人事業主からスタートし、週末起業で立ち上げて3年で脱サラしたときも個人事業主のままでした。年商が1000万円を超えてきた5年目で法人化しましたが、もっと早く法人化してもよかったなとは思います。もし、取引先に法人じゃないと取引しないと言われていれば、法人化したと思いますが、特に必要性がなかったのです。

個人事業主の間は白色申告で、自分で確定申告をしていました。今はわかりませんが、当時は3月の確定申告の時期に税務署に行くと、確定申告するための机が置いてあり、すぐに税務署の職員さんに質問できて、その場で仕上げることができたのです。

また、ビジネスオーナーからIクワドラントに進み、不動産投資なども考えているのであれば、早い段階から法人化して黒字計上し、融資が受けやすい状態にしていくことは大事だと思います。私も、もう少し早くに法人化していればよかったと思っています。

あなたがどの選択をするかは、あなたの状況や取引先の状況にもよります。税理士さんやメンターと相談しながら進めるとよいでしょう。

Rule 37

資本金はどれくらい必要？

起業を考えている人の前に立ちはだかる、最も高い壁のひとつが、資金の問題です。

起業に関心があっても、「自己資金が不足しているから、起業することを躊躇してしまう」という人が非常に多いのです。

ただ、私のまわりで実際に起業した人の起業費用を聞くと、「100万円以下」と少額の資金で起業した人がけっこういます。

また、私のようにいきなり法人化せずに、会社員をしながら副業で立ち上げていくのであれば、それほど資金はいらない場合もあります。


2006年以前は、株式会社を設立するために最低1000万円の資本金が必要でした。しかしその後はそうした縛りがなくなり、極端な話、資本金が1円でも会社をつくれます。

とはいえ、設立費用などもありますし、銀行に預けるお金も必要ですから、資本金1円というのは現実的ではありません。これは考えなくてもわかりますよね。対外的にも資本金1円の会社と取引するのは敬遠されるでしょうから。

ただ、資金面でのリスクを恐れて起業しないというのは、**資金がないと起業できない、という思い込みにとらわれている状態**といえるでしょう。

たしかに、資金はあって困るものではありませんが、自分が安心できるだけの資金が貯まるまで待っていては、はっきり言っていつまで経っても起業はできないでしょう。

会社を設立する際の資本金は、法人登記の際に記載が求められますが、前述のとおり1円でも法律上は問題ありません。

この資本金、〝リアル〟なところではどれくらい用意したらいいのか、迷う人が多いと思います。

述べておきたいのは、**資本金は多ければいいというものではない**、ということです。

経営者の間では、「資本金は1億円だとかっこいい」というような風潮がいまだにあるようです。しかしそれははっきり言って「登記書類上の見栄」に過ぎず、まったく気にする必要はないと私は思います。

資本金1億円の会社が1000万円を売り上げるより、資本金100万円の会社が10

00万円を売り上げるほうが断然かっこいいでしょう。個人的には、少ない資金からスタートして、どんどん価値を高めていくほうが経営者としてかっこいいと思います。

また、資本金が多くなると税制上の扱いが厳しくなるため、見栄を張った分、余計に税金を払うことになりかねません。

見栄ではなく、実際の資金として必要になる資本金のひとつの目安としては、**初期投資を差し引いたうえで、それでどこまで給料を払うことができ、事業を続けられるか**、というのがあります。

ほとんどの場合、起業後しばらくは収入がありません。その間の経費や給料は資本金から出すことになります。最初の収入がどのタイミングで入りそうか、どの段階で資金がまわり出すかをあらかじめ想定したうえで、それに見合った額を用意するといいと思います。

ただし、これも保守的に考えすぎると、結局は「いくらあっても足りない」という結論になり、起業に至りません。この本では詳しく書きませんが、自己資金が足りない場合は借り入れなどの手段もあります。ただ、創業時の融資は資本金の金額にも左右されますので、よく考えて決める必要はあります。

ちなみに、私の友人は資本金100万円でも融資を受けることができています。

また、資本金は誰が出すのかといった点も注意が必要です。**友達と会社を作る際、「じゃあ資本金は半分ずつ出そう」と考えるのは、非常に危険**です。というのも、仲が悪くなった時に資本金で揉めるというのはよくある話だからです。

ただ、資本金がないことを言い訳にしてチャレンジから逃げる人にならないでください。なければないなりにやり方がありますし、なければ作る努力をするのです。

私は会社員をしながら副業でスタートし、すぐに法人化しなかったので、資本金という形のものはいりませんでしたが、事業活動をしていく資金はもちろん必要です。拙著『億を稼ぐ人の考え方』に書きましたが、当時、事業で失敗した親の借金を肩代わりしていましたから、お金が全然ありませんでした。なので、起業当初の半年間は会社員をしつつ起業に向けて動きながら、夜中に居酒屋でバイトをしていました。活動資金がなかったので、作るしかなかったのです。

そういった努力もする気がないのであれば、起業は諦めてください。

Rule 38

会社を辞める時はどうやって言う？

さて、事業が軌道に乗ってくると、会社を辞める選択肢が出てきます。

私は3年間週末起業をし、事業からの収入が月に30万円ほどになったときに、会社を退職しました。

会社を辞める……。それがわかっていても、どう切り出すべきか、迷いますよね。特にお世話になった上司や同僚には、なるべく円満に話を進めたいものです。

退職の話を切り出すタイミングは非常に重要です。できるだけ早めに報告することで職場もスムーズに対応できますし、自分もその後の引き継ぎや業務整理に余裕を持てます。

円満退職がビジネスをつなぐこともあります。私の経験からも、退職は〝その場限りの終わり〟ではなく〝未来への投資〟です。

ある時、転職先を見つけて我が社からの退職を決めた社員が、非常に誠実に引き継ぎをしてくれました。その後、彼とはまた別の場面でビジネスパートナーとして再会し、お互いの成長がその後のプロジェクトにプラスになったという経験があります。
退職を円満に済ませることは、その後のキャリアにも影響するのです。
「辞めるならどうせもう関係ない」とは思わず、**誠意をもって対応することで未来の可能性を広げる**こともできます。

また、退職理由の伝え方には正直さと配慮のバランスが必要です。例えば、「キャリアアップのため」「違う職種を経験してみたい」といった前向きな理由を中心に伝えるのが基本です。会社に対する不満が理由であっても、そのまま口にするのは避けるのが無難です。もしくは、「一身上の都合で」でおしきるのもありだと思います。

間違っても、馬鹿正直に「起業のため」などとは言わないことをおすすめします。「そんなの止めとけ」「失敗するぞ」などなど否定されることがほとんどだからです。
目的は正直に伝えることではなく、円満に退職することだと忘れないでください。

実際に退職願を出すタイミングも、円満退職には欠かせないポイントです。基本的には、直属の上司に最初に相談し、了承を得てから正式に退職願を提出する流れが一般的です。

いきなり人事部に退職届を出すと、上司の信頼を損ねることもあるため、必ず順序を守るようにしましょう。

そして、お世話になった上司や同僚に感謝の気持ちを伝えることも忘れないでください。

退職日も、業務の節目に合わせるのが理想的です。例えば月末や四半期の終わり、プロジェクトが完了したタイミングに合わせると、職場の混乱が少なく、スムーズに辞めやすくなります。引き際をきちんと考えることが、社会人としてのマナーです。

ただ、「お前がいないと仕事がまわらないから、あと1年はいてくれ」とか、「次の社員が入るまでいてくれ」など、会社や職場の都合を言われても、その言葉には振りまわされないでください。理想は業務の節目に合わせることですが、**会社の都合でずるずると退職日を先延ばしされることは避けるべき**です。その場合は1ヶ月か2ヶ月で期限を切って辞めることです。

脱サラしたらさらにハードワークし、成功への道を突き進んでください。

第5章

ビジネスオーナーとして生き残るために

Rule 39

ドタキャンは信頼を失う

人生の成功者は人間関係をとても重視します。重要なビジネスの情報などは「人」からやって来るからです。

それは、親しい、親しくないという間柄や親密度の問題ではなく信頼関係です。相手からどれだけ信頼され、相手がどれだけ信頼に足る人物かを見極めているということです。

「中野くん、成功者が一番嫌うこと、それは『ドタキャン』だ。アポイントの予定を、土壇場になってキャンセルされることを成功者はとても嫌う。よく覚えておくんだよ」

とメンターに言われました。

当然ですが、私もドタキャンだけは絶対にしないと常日頃から心がけています。

ここでこだわりたいのは、**ドタキャンが「人の時間をないがしろにしている」という罪の深さ**についてです。アポイントによって、人の時間を拘束しているにもかかわらず、直前のキャンセルによってそれを破棄してしまう。拘束しておいて無駄にすること、それは相手に「二度迷惑をかける」ことなのです。許されることではないと思います。

すべての人にとって、「時間」は非常に貴重なものです。ある意味、時間とは命です。その時間を無駄使いさせるということは、命の一部を奪っているようなものです。大げさに聞こえるかもしれませんが、成功者はそこまで考えています。

「時間そのものの大切さ」もそうですが、ドタキャンは「人からの信頼も失う」のです。

普通に考えて、すぐにドタキャンするような人を信用できますか？
そのような人に大事な話をしたり、一緒に仲間として歩みたいと思いますか？

「人」と「人」とのつながり、人間関係のパイプは、成功者にとっては宝物に等しいもの。それを「ドタキャンする人」を介することで台無しにしたくはありません。

近頃では、台風などで電車が止まることがよくあります。ただ、台風は急には来ません。1週間前くらいから台風接近のニュースが流れ始めます。
実際の私の例ですが、会社員時代、8月24日に九州に台風が接近しているニュースを聞きました。そして、28日から東京で研修があるため、27日の夜行バスで東京に行く計画にしていました。台風の進路と速度予想からして、27日には大阪に近づき、夜行バスや新幹線が止まる可能性が高い状態でした。あなたならどうしますか？

普通の人であれば、会社の仕事もあって前入りとかはできないから、台風の影響なく夜行バスや新幹線が動いたらいいなと祈るだけで、夜行バスや新幹線が止まって、研修に行けなかったら、台風が来たのだからドタキャンもしかたないよなと思うかもしれません。

その時私は考えました、ドタキャンを嫌う成功者であればどうするか？　私のメンターであればどうするか？と。

メンターであれば、台風の影響を受けずに移動できるうちに東京に移動するはずだと思い、有休を1日取って、27日ではなく、26日の最終の新幹線で東京に前入りしました。普通であれば、取る必要のなかった有休と、2日分の宿泊費がかかりましたが、研修をドタキャンしたくなかったので、確実に東京に行ける選択をしました。

研修当日、東京近郊に住んでいる人以外はドタキャンが多数いました。私はもちろん参加。講師の方や参加者からは、大阪から台風の影響を受けずに来られてラッキーでしたね、などと言われましたが、ラッキーではなく意図して台風の影響を受けずに確実に行けるように選択したのです。

その研修を受けることにより、私のビジネスは飛躍的に伸びました。私の選択は大正解でした。どんなことがあろうとドタキャンしないように、管理下にあることを最大限やる。メンターの教えを守り、実践して良かったです。

一方、ドタキャンの逆＝「ドタ参加」は大歓迎です。
セミナーやイベント、集まりなどへの直前の参加、いわゆる飛び入りは、人間関係を作る上でも大いにやるべきだと思います。もちろん、ぎりぎりまで連絡しないで、わざと直前に連絡して飛び入りするのとは違いますよ。
はじめは行ける予定ではなかったけれど、なんとか調整してドタ参加する。これは素晴らしいことだと思います。相手をリスペクトする。とくに相手の「時間」をリスペクトすることが信頼関係作りの鉄則だと思います。

ドタキャンは絶対に避けるべき。
ドタ参加は大歓迎。

これらを踏まえて是非行動してみてください。

Rule 40

ネガティブに計画を立て、ポジティブに行動する！

私はこれまで数々の挑戦を経てビジネスを拡大してきましたが、その裏には〝ネガティブに計画し、ポジティブに行動する〟という信条があります。

「えっ？　成功したいのにネガティブ？」と思うかもしれませんが、実はこの戦略が危機を乗り越えるための最強の手法なんです。

「ネガティブな計画」とは、最悪のシナリオを想定して備えることです。

例えば、「もしこのプロジェクトが失敗したら？」「リソースが足りなかったら？」「競合が先に成功してしまったら？」といった最悪の事態をすべて洗い出し、それぞれに対する対策を考えておきます。

人生でもビジネスでも、「準備」は非常に大切です。想定外の出来事が起こっても慌てないためには、事前の計画が不可欠です。ネガティブな視点から計画を立てることで、リスクに備え、より確実な行動がとれるのです。

以前、我が社で新規事業に挑戦した際、大胆な予算を組みました。

しかし私は、「もし収益が半年間ゼロだったらどうするか？」という仮説を立て、その状況に備えてシミュレーションを行いました。

その結果、予定よりも少ないコストで柔軟に運営できる道筋を見出し、実際にそのリスクが現実化した際にも、余裕を持って乗り越えられたのです。

ネガティブに計画を立てることで、本当に最悪の事態が起きたときも、冷静に対処する余裕が生まれます。これが、成功への大きな一歩になりました。

ネガティブに計画を立てる際のポイントは、「何が起こり得るか」を徹底的に考え、リストアップすることです。

ビジネスを始めると、想定外の出来事が次々に起こるもの。

以下のような視点を持つと効果的です。

・競合の動き……競合が似たアイデアで参入してきた場合どうするか？

・資金面のリスク……資金が予想以上に減少した場合の対応策は?
・人的リスク……キーマンが急に離れることになったら?

このように、具体的なリスクを考え、それぞれの対策を用意しておくことで、いざというときに冷静な対応が可能になります。できればAプランからEプランくらいまで用意しておくことです。Aプランで達成したら最高です。しかし、Aプランが無理なら、Bプラン。それも無理ならCプランのようにやっていくのです。

そして、すべてのプランにおいて、紙面上で達成をしておくことです。


計画は細かければ細かいほど良いです。

計画は地図みたいなものです。

例えば、あなたが大阪から東京に初めて行くとします。

地図をゲットしても、世界地図や日本地図では辿り着けません。

詳細な道順がわかる地図であればあるほど東京に辿り着く確率が高まります。家を出たら右に曲がって、2つめの信号を左にまっすぐ行ったら駅が見えるから、そこから環状線に乗って、大阪駅で乗り換えて、新大阪駅から新幹線に乗って……のように詳細な計画を立てるのです。

計画段階でネガティブに考え抜いたあとは、思い切りポジティブに行動することがポイントです。リスクに備えた計画があれば、行動に対する不安が減り、自信を持って一歩を踏み出せます。詳細な計画があり、紙面上で達成していれば、あとはその通りに行動するだけです。

新しいプロジェクトを開始するときも、「リスクはすべて洗い出して対策を考えた。だから、今は自信を持って進めるのみ！」という気持ちで取り組むことができるのです。また、ポジティブな行動を続けることで、まわりの人たちにも安心感が伝わり、チーム全体のモチベーションも上がります。

ポジティブに行動するためには、成功イメージを持つことが大切です。計画段階ではネガティブに最悪の事態を想定しましたが、行動段階では「自分が成功している姿」「計画が実を結んでいる未来」を心に描きましょう。また、「リスクに備えている」という安心感がポジティブなエネルギーを生み出します。「自分は準備万全だ、やれるだけのことはやった」という心の余裕が、困難にぶつかったときも前向きに乗り越える力を与えてくれます。

「ネガティブに計画を立て、ポジティブに行動する」ことは、リスクを最小限にしながらも果敢にチャレンジできるアプローチです。特に経営者やリーダーとしての立場にある人にとって、この方法はビジネスの成功を支える大きな武器になります。リスクに備えつつ、前向きな姿勢で行動し続けることで、必ず道は開けます。

成功のための「ネガティブ計画・ポジティブ行動」の流れをおさらいしましょう。

①リスクを洗い出す

想定できるすべてのリスクを書き出し、対策を考える。

②代替案を用意する

万が一計画がうまくいかなかったときのために、代替案を複数準備。

③ポジティブな姿勢で行動する

計画ができたら、自信を持って行動に移す。

④フィードバックと改善

行動を進める中で、状況に応じて計画を見直しながら進む。

Rule
41

起業家の仕事は99・99999%新規開拓！

起業家の仕事は何だと思いますか？　経営理念を作ること？　資金調達？　人材育成？

もちろんどれも大切ですが、本当に大事なのは、

・売りに行くこと
・人脈を作ること
・紹介をもらいにお伺いすること
・夜中まで仕事をすること

つまり**新規開拓すること**につきます。

起業家の仕事は99・99999%新規開拓です！

「えっ、99・99999%!?　残りの0・00001%は何？……いや、それは睡眠と息抜きの時間です（笑）」

脇目もふらず朝から晩まで新規開拓しまくることです。

「明日お伺いします」ではなく、「今から行きます！」といったスピードが必要なのです。

起業家は常に新しい価値を生み出し、市場を広げていく役割を担っています。言い換えれば、**新しい顧客やパートナー、ビジネスモデルを開拓し続けるのが起業家の宿命**なのです。

たしかに既存の顧客を維持することも重要ですが、変化の激しいこの時代においては、「安定」は最も危険な状態かもしれません。

私自身、起業してから最初の数年間は、既存の関係を維持するだけでは成長できないことを痛感しました。

新しい取引先、ビジネスパートナーとの関係構築に全力を注いだ結果、会社としての可能性が広がりました。

新規開拓しまくることにより、

・市場拡大……新しい顧客層を開拓することで、市場規模が拡大します。
・革新力の向上……既存の枠にとらわれず新しい手法を試みることで、革新力が磨かれます。

・自己成長……新規開拓に挑戦するたびに、起業家としてのスキルと知識が増えます。

・ビジネスの多角化……一つの事業に依存せず、他の分野にも事業を展開することで、リスクを分散させることができます。

など得ることがたくさんです。

たしかに「0・00001%の確保された業務」もありますが、起業家にとってそれはほんのわずかな時間です。私は事業拡大のために新規開拓をし、新しいことに挑戦し続け、ビジネスの幅を広げ、自分自身のステージを上げることこそが最も大きな成果に繋がると信じています。

新しい可能性に挑み続けることが、会社の成長、ひいては社員の成長にもつながるのです。もし、あなたが新しい事業や市場開拓を検討しているならば、全力で「挑戦」を恐れずに取り組んでみてください。それが、私たち起業家が達成できる〝成長〟の原動力になるはずです。

Rule 42

脱サラ後の落とし穴から月収100万までの道のり

会社を辞めて自由な時間が増えたことで、「これからはどんどん事業を拡大して収入も上がっていくだろう」と正直なところ甘く考えていました。

しかし実際には、1年経っても収入は横ばい、むしろ週末起業でいた頃のほうがしっかり稼げていたと感じるほどでした。

自由な時間ができた反面、会社という「外的な規律」がなくなり、**自分を律するのが思った以上に難しい**と気づかされました。

会社員時代は毎朝の通勤や決められたスケジュールがあるため、いやでもリズムが整っていました。しかし、脱サラ後は自分次第。朝は好きなだけ寝てしまい、起きたころには「笑っていいとも！」（当時、正午からやっていた番組です）が始まっているという生活。さらに夜も、つい遅くまで友人と飲みに行ったり、ダラダラと動画を見てしまったり。

最初は「これも自分の好きな時間の使い方だ」と自己正当化していましたが、当然そんな生活をしていたら事業も発展しません。収入が伸びないのは当然の結果だったわけです。今振り返れば、「あのころはまだ起業家としての自覚が足りていなかったな」と苦笑してしまいます。

そんな時、メンターから、「中野君、能力開発の研修を受けてみないか？　今の状態から抜け出すため、そして飛躍するためのヒントがあると思うよ」と言っていただきました。メンターのアドバイスですから、内容や値段などを聞かずに二つ返事で「受けます！」と答えました。

詳細を聞くと、東京で3日間で10万円ほどの研修でした。

今考えると、その価値からすると非常に安いのですが、当時は月収が30万あるかないかくらいでしたから、往復の新幹線代や宿泊費をあわせた総額16万円ほどは、私にとっては大きな投資でした。

3日間の時間と16万円のお金を投資するからには、何倍にもしてやるぞと意気込み、その研修に参加しました。

そこで、人生の目的、そのための目標設定を明確に決め、人と関わる際のマインドセット、自分との約束を守ることの重要性、などなど成功の原理原則を学びました。

研修後の私の行動は劇的に変わりました。

ダラダラと過ごしていた朝の時間は、生産的な時間へと変わり、新しいアイデアを練ったり、戦略を立てる時間になりました。

日々の仕事では「お客様にどうすればもっと価値を提供できるか？」「目の前の相手に自分は何を与えることができるのか？」を第一に考えるようになり、それまで自己流で行っていた営業にも改善を加えました。例えば、提案書を作る際には、ただ商品やサービスを売り込むだけではなく、相手の課題や悩みに寄り添った内容にするよう心がけたのです。その結果、お客様からの信頼を得られ、新規契約が増加していきました。

その研修で学んだ原理原則を仕事で実践することにより、1年後には月収が120万円になりました。

月収が120万円に達するまでの1年間で私が実感したのは、**「努力を継続し、常に改**

善を心がけることが成功の本質」ということです。

一度学んだことを実践しても、それで終わりではありません。実践した結果を振り返り、良い点は伸ばし、悪い点は改善する。この繰り返しが重要です。

振り返ってみると、研修に16万円を投資したことが私の人生を変える大きな分岐点でした。当時の私にとっては大きな出費でしたが、それ以上のリターンを得ることができたのは、学んだことを行動に移し、継続して努力を重ねたからです。

もしあなたが「現状を変えたい」「もっと成長したい」と思っているなら、自分自身への投資を惜しまないでください。そして、その投資を無駄にしないためにも、学んだことを実践し、改善を続けることが成功への鍵です。

私もまだまだ学びと挑戦の途中ですが、これからも自己投資と行動を重ね、さらなる目標を目指していきます。

Rule 43

ストレス&健康管理はどうしたらいい？

「ストレスが溜まっているから」「疲れたから」「気が乗らないから」という理由で行動をやめてしまう人は多いものです。

例えば、仕事するにせよ勉強するにせよ、ちょっとでも疲れを感じたらすぐやめてしまうのです。

しかし、これでは高いパフォーマンスも成功も得ることはできません。

収入は伸びないですし、体力もつかないのです。

なぜかというと、**疲れてからもうひと頑張りすることで、頭も体も強化される**からです。

もっと筋肉を増やすには、限界まで筋肉を使う必要があるのと同じ理屈です。

あなたがもし、疲れやストレスを避けてばかりだった場合、もっと受け入れることをお勧めします。

そして、倒れる直前の限界ラインまで頑張って、頭と体を強化してください。

この点を意識しないと、どんなメンターについて学んでも、どんなノウハウを手にしても、いい結果を出せませんのでくれぐれも気を付けたほうが良いです。

メンターからも、

「自分自身の健康に自己投資をするんだ！　どれだけお金と時間ができても、体を壊していたら意味がないだろう？　だから若いうちからサプリメントなどで栄養素をしっかり摂っておくんだ！」

とも教えていただき、24歳からサプリメントを摂りまくっています。

おかげで今でもハードワークしていますが、超元気です。


もちろん健康も大切ですので、倒れない範囲のギリギリまでにする必要がありますが、どこが限界かわからない場合もあります。

筋トレでギリギリを攻めるためにトレーナーが必要なように、やはりこういうときにビジネスのメンターが必要なのです。

起業をして年収1億円を達成するまでの道のりは、正直簡単とは言いません。何度もストレスに押しつぶされそうになったこともあります。

でも、あるとき気づいたんです。「**ストレスって、実は自分が成長している証し**じゃないか？」と。ストレスは、プレッシャーと同様に「次のステップに行ける兆し」なんです。

とはいえ、無視していいものではありません。「ストレスとうまく付き合う」というスタンスも大事です。

私が大切にしているのは、どんなに忙しくても「気分転換の時間」を持つことです。

あなたは「気分転換」方法を持っていますか？

私の場合は、毎週月曜日に週刊少年ジャンプの「ONE PIECE」を読むことです。

「ONE PIECE」は、息抜き要素、感動要素、勇気をもらえる要素、やる気になる要素が詰まっている漫画だと勝手に思っているので、週に1度の良いリフレッシュになっています。

読書、散歩、ストレッチなんかもいいですね。ただし、やりすぎないのがポイント。気分転換が本業を食うようでは意味がありません。

だから、私の場合、**スケジュールの中に「リフレッシュタイム」をあらかじめ決めて入**

れています。まさに、やるべきことをスムーズに進めるための準備体操みたいなものですね。

ストレス解消も仕事の一環と考えれば、どんなビジネスパーソンも健康な心で働けるはずです。

ストレスの管理ができる人は、成功も管理できる人です。

あなたも、まずは自分のストレスと上手に向き合い、自分らしい解決方法を見つけてくださいね。成功のための次のステップに進むためには、自分をいたわることも重要です。

Rule 44

自己投資しまくろう

「投資」と聞くと、まずは株や不動産を思い浮かべる人も多いかもしれませんが、実は**最もリターンが大きいのは「自己投資」**です！

仮に金融商品に200万円を投資して、3％の利回りがあったとしても、年間たったの6万円。月にしたら5000円です。

インフレ・リスク・プレミアムで一瞬のうちに帳消しになってしまうような利益を追求して、「俺は資産を運用している」と得意げになっている人がいたら「一体何を目指しているの？」と問いかけたい気持ちになります。

私自身、自己投資にかなり力を入れてきたおかげで、ビジネスもプライベートも成長し続けることができました。

「投資の中でもひとつだけ、ノーリスクでハイリターンの投資がある！

それは自己投資だよ！　株なんか買わずに、それを全部自分自身に投資するんだよ！

まずは自分の頭の中身に自己投資するんだ！

ビジネス書を読みまくって、勉強会などに行きまくるんだ！

自分の頭の中身に投資したものは誰からも奪われないから!!

自分にお金を使ってるからノーリスクだよ！

そして、将来絶対にハイリターンになるから！」

とメンターに教えていただきました。

そうか!! と思い、そこからビジネス書を読みまくり、
メンターの勉強会に行きまくりました！

収入は読書量に比例します。

もしあなたが、何冊かビジネス書を読んで、最初から最後まで新鮮な内容だと感じたら、自分の読書量はまだまだ足りないと思った方がいいかもしれません。

マネジメントの父と呼ばれるピーター・F・ドラッカーのビジネス書も、みんな最初は刺激を受けながら過去の本を読み漁りますが、２冊、３冊と読み込んでいくと、「書いてあること、けっこう同じじゃない？」と理解できる瞬間が訪れます。それが、本質に近づ

いた裏付けだと思います。

著者と出版社がサボっているわけではありません。

本質はそう簡単に変わるものではないからです。

本質に辿り着くことができてはじめて、その本は自分の血肉になるのだと思います。そのレベルになるためには、ひたすら本を読みまくって、自分の思考力、知識、視座を磨く努力を続けることが不可欠です。

量があってはじめて質が生まれます。何事も量質転化です。

私の経験上、本を1冊読むという自己投資をすることによって、将来的に月収が1万円上がるという感覚です。

私は24歳でメンターに弟子入りをして読書の重要さを教わり、それから毎週1冊のビジネス書を読むと決めて、今でも週に最低1冊はビジネス書を読むようにしています。良書は何度も読み返す場合もあります。

1週間に1冊、月に4冊、年間で約50冊です。

それを約20年以上続けています。合計1000冊以上（例えば3回読んだ本は3冊とカウントしています）以上のビジネス書を読み、月収が1000万円を超えています。

まさに、1冊読んで月収が1万円上がっているのです。

もちろん本を読むだけで、何も行動に起こさなければそうはなりません。本で学んだことを実践しまくってきました。

自己投資を続けてきて、とんでもないハイリターンになったのです。

たまに「本を読む時間がなくて」と言い訳する人がいます。

それは、「本を読まないから時間がない」のです。

本を読めば、他人の経験や知識を学ぶことができるのに、それを活用しないで自分で道を切り拓こうとするのは、人生の遠まわりをしているのに等しいと思います。

時間が足りなくなるのは当然です。

ビジネス書はたかだか1500円くらい。普通の会社員の方や、起業したてでお金がない起業家でも、もっとも気軽に出来る自己投資です。それを高いと思う人は、その投資の蓄積が大きな成果を生むという想像ができていません。

日本には正社員が3500万人もいます。ビジネス書は10万冊も売れたら大ベストセラーです。割合でいったら0・5％未満です。

しかも、正社員以外の人も当然読むので、実際の割合はさらに低くなります。

つまり、本を読むこと自体に希少価値が生まれる時代になっているのです。

本を読むだけで、あなたは他の人よりも一歩抜け出しているということです。

そして、起業家として成功したいのであれば、読書は必須です。

当時、会社員だった私は、残業代も入れた手取り23万円の月給のうち、15万円を自己投資のために使うようにしました。

未来のための投資は楽しかったですが、親の借金もあり、生活はカツカツでした。

メンターには、

「貧乏は今のうちしかできないから、それを楽しみなさい。あとになって、絶対にそれがネタになるし、中野君に続く後輩たちの励みになるから」

と言われました。

自分に伸びしろがあると思えるなら、リスクを取れる範囲で積極的に自己投資した方がいいと思います。「毎月給料が入ってくるんだから、この額なら自分に投資しても大丈夫」という額を使い、自己投資し続けるのです。

すぐに上手くいかなくても、絶対に成長があります。

とくに自己投資で蓄積したものはなくならないということが利点です。

明日、会社が倒産しても、自分の知見や知識は消え去りません。

競争が激しい時代だからこそ、自己投資の重要性が増しています。技術や知識が常にアップデートされる現代では、自己成長し続けることが唯一の勝利への道です。

自己投資を怠ると、いつの間にか周囲に追い越されてしまうのです。自分にかけた投資は、リターンが最も大きく、確実なものです。

自分を磨き続け、成長し続けることで、いつでも一歩先を行けるようになります。

自己投資が最強の投資です。

毎月10万から15万ほどを自分自身に投資できないくらい、自分の可能性を信じることができないのであれば、起業して成功することは諦めてください。

Rule 45

人とのご縁が次の仕事を運んでくる

「人脈が財産だ」という言葉を耳にしたことがあると思います。
この言葉、実はただの格言ではありません。
私自身、起業家としての道を歩む中で、何度もこの真実を実感してきました。
人とのご縁が次の仕事を運んでくる、というのは本当にその通りなのです。

私が起業して間もないころの話です。事業が軌道に乗り始めたとはいえ、まだまだ小さな規模で、顧客リストも限られていました。
そんなある日、友人の紹介で一緒に飲んだ方から突然連絡がありました。

「中野さん、少し相談したいことがあるんですが……」

その方は、一緒に飲んだとはいえ、軽く名刺交換をしただけの方でした。会話もほんの数分程度。

でも、私がその場で真剣に話を聞き、後日「お会いできてよかったです」と感謝のメールを送ったことを覚えてくださっていたのです。

その方は飲食店を50店舗以上運営している会社の幹部の方で、彼がマネジメントしている店舗に関する相談でした。

私は、何かお役に立てればと思い、親身になって何度も相談にのりました。

その結果、彼がマネジメントしている店舗の売上が大きく伸びました。

その売上の伸びを見た彼の会社の社長が、なぜそんなに売上があがってるのかを彼に聞き、彼は私の話をしたようで、今度はその社長とお会いすることになりました。

そのご縁から話が進み、結果としてその会社のコンサルに入ることになりました。

少しのご縁から大きな仕事に繋がったのです。

ご縁というのは、どこに転がっているかわかりません。

飲み会、懇親会、セミナー、ランチ会、あるいはちょっとした偶然の出会い……どんな場でも**「この人との出会いが将来のカギになるかもしれない」という気持ちで接する**ことが大切です。

私が心がけているのは、「まずは相手に興味を持つこと」です。どんな人にも話を聞く姿勢を持つことで、自然と印象に残る存在になります。

出会いを大切にするためには、「ありがとう」の一言が欠かせません。

直接会話をした後だけでなく、メールやSNSでのフォローアップも有効です。「先日は貴重なお時間をありがとうございました」と一言伝えるだけで、相手の記憶に残る確率がぐっと上がります。

また、ご縁を築くためには、**「まず自分が相手に何を与えられるか」を考える**ことが重要です。たとえば、相手の悩みを解決するヒントを提供したり、有益な情報をシェアしたり。自分が与えることで、相手も自然と「この人には何か返したい」と思うようになります。

ビジネスの成功は、スキルや運だけでは成り立ちません。

人とのご縁が、次のチャンスを運び、さらなる成功への道を開いてくれるのです。

Rule 46

アンチに対する接し方

起業家として目立つ存在になると、必ずと言っていいほど「アンチ」や批判する人が現れます。私も月収が上がり、事業が注目されるようになるにつれ、これまで以上に批判や否定的なコメントを受けるようになりました。

SNSでのコメントや直接言われる意見など、形は様々です。最初はその一つ一つに心を乱され、正直言って「腹が立つ！」と感じることもありました。

しかし今では、アンチや批判に対する接し方を学び、それを成長のチャンスに変えられるようになりました。この項では、その具体的な方法と心構えについてお話しします。

①アンチの種類を見極める

まず重要なのは、批判してくる人の種類を見極めることです。すべての批判に同じように対応していては、エネルギーが尽きてしまいます。

私はアンチを次の3つのタイプに分類しています。

・建設的な批判者

このタイプは、自分の欠点や改善点を指摘してくれる人たちです。批判に耳を傾けると、大きな学びや改善のヒントが得られることが多いです。

【対処法】感謝を示し、学びに変える

例えば、「このプロジェクトのスケジュール管理が甘いですね」という指摘があれば、「貴重なご意見ありがとうございます。参考にさせていただきます」と誠実に応じます。

・感情的なアンチ

感情に任せて否定的なことを言う人たち。彼らの批判には具体性がなく、「なんか気に入らない」程度の感情が元になっています。

【対処法】感情的に反応しない

「お前のやり方は嫌いだ」と言われても、「そうなんですね」と冷静に受け流すのがベスト。感情的な反応をすると、相手の思うツボです。

・攻撃的なアンチ
中傷や悪意を持って批判するタイプ。こうした批判は基本的にスルーが正解です。相手にする価値がありません。
【対処法】無視、またはブロック
SNSの場合、ひどい場合は適切な手段をとって対処します。感情を揺さぶられるのを防ぐためにも、自分を守る行動が大切です。

②アンチを「フィードバックの宝庫」と捉える

批判には、成長のヒントが隠されていることもあります。
私はこんな質問を自分に投げかけるようにしています。

・「この批判には一理あるか？」
・「この意見を取り入れることで、自分や事業が良くなるか？」

あるとき、SNSで「中野さんの文章、少し難しいですね」というコメントを受け取りました。そのときは「いや、わかりやすいように書いてるつもりだけど？」と反発したくなりましたが、冷静になって文章を見直すと、確かに専門用語が多かったのです。そこから、「誰にでも理解しやすい言葉」を意識するようになり、結果として読者の反応が良くなりました。

③アンチに感情を奪われない

「アンチの言葉を気にしない方がいい」とは言うものの、実際には簡単ではありません。とくに、自分が努力してきたことや成果を否定されると、傷つくのが人間です。

私が実践しているのは、「批判を自分の価値とは切り離す」という考え方です。アンチの意見はあくまで「その人の視点から見たひとつの見方」であり、それが自分全体を否定するわけではないと理解することが重要です。

さらに、感情が高ぶったときは、一歩引いて深呼吸することで冷静さを取り戻します。

④アンチを上手に利用する

アンチはあなたの存在が注目されている証拠でもあります。アンチがいるということは、それだけあなたが目立っている、あるいは影響を与えているということです。

アンチは起業家にとって避けられない存在です。しかし、**その接し方次第で、自分を磨くきっかけや新しいチャンスにつなげる**ことができます。

次のことを覚えておいてください。

・批判は必ずしも「悪」ではない
・自分の価値をアンチの意見に依存させない
・冷静に対処し、自分の成長に役立てる

最後に、アンチが現れたら、「ああ、自分はちゃんと目立てているんだな」とポジティブに捉え、前に進みましょう。それが、成功する起業家の器の大きさというものです！

Rule 47

コミュニティ（チーム）をさらに拡張させていく

先述したように、私はメンターから、先にコミュニティ（チーム）を作ってから起業していくように教わりました。

月収50万円から100万円くらいまでは、コミュニティを作らずに、Sクワドラントとして1人で何とかできるかもしれません。

しかし、さらに事業を拡大し、年収1億円を目指すにはコミュニティが必要ですし、コミュニティをどんどん拡張させていく必要があります。

コミュニティを作り、さらに拡張させていく際に重要なのは、先述したように、まずは自分のホームを作り、コミュニティメンバーが集まれる場所、基地を作ることです。

その理由は「定期的に顔を合わせる機会を作るため」です。そうでないとコミュニティは簡単にバラバラになってしまいます。

そして、コミュニティをうまく機能させるためには、結束力を高めるような「仕組み」を作っていくことが必要です。

その点、便利なツールがある現在は、仕組み作りもやりやすくなっています。実際、私のコミュニティでも、LINEなどのツールを広く活用しています。

コミュニティ内でLINEなどのツールを活用するうえで大事なのは、全員が発言する機会を作ることです。私もコミュニティを作っていくなかで、進捗状況を確認するために、報連相や、日報のようなものを毎日送り合うようにしています。

また、基地やオフィスのようなものがなければ、リモートでも構わないので、顔を合わせるミーティングを定期的に行うべきです。

何よりあなたがコミュニティのリーダーとなり、それを拡張しようという意志があるのであれば、自分の考え方や目的、目標などを、あなたが率先して発信していくべきです。とにかく、改善を繰り返しつつ発信を止めないことが大事です。

そして、コミュニティメンバーと同じ目的、目標を共有するのです。目的、目標が曖昧だと、メンバーはそれぞれ別の方向を向き、力を合わせることができません。

ビジョンは明確に伝えましょう。コミュニティが進むべき未来の姿を具体的に描くのです。たとえば、「コミュニティメンバー全員が年収1億円を達成する」など、具体的でわかりやすいビジョンがあると、メンバーのモチベーションが高まります。

目的、目標は一度設定したら終わりではありません。定期的に「私たちは今、目標に向かって進めているか?」を話し合い、あなたが発信し続け、全員の意識をリマインドする機会を作るのです。

次に、共通の言語と共通の価値観を持つことが大事です。共通の言語や価値観を持つことにより、一体感を持った動きが生まれます。私はメンターからおすすめいただいた研修を通じて、「共通の言語・価値観」を持つようにしています。

そして共通の言語を持ったうえで、共通の価値観を持ちます。

私がメンターから教わり、コミュニティで大事にしている価値観は、次のようなものです。

・求めているものを明確に具体的に肯定的に決める
・結果を決めて、中身を埋める
・すべての結果の原因は自分が源
・自分がされたいと思うことを、まず他人に実践する
・大切な人が大切にしていることを大切にする
・思いは行為
・基本を愚直に徹底的にやる
・ＷＩＮ―ＷＩＮ
・日進月歩！　秒進分歩！　昨日の自分を毎日超えろ！

共通の目的、目標、共通の言語と価値観があるから、コミュニティが一枚岩になり、拡張していくのです。

Rule 48

月収200万あたりの落とし穴

月収200万円——多くの人が目指す、ひとつの大きなマイルストーンです。「ここまで来たらもう安心だ」「さらに成長していけるはずだ」と思う方もいるでしょう。私自身も、月収200万円に到達したとき、「よし、これで自由に使えるお金も増えるし、やりたいことにもっと投資できる！」とワクワクしていました。

しかし、そんな私を待っていたのは「月収200万の落とし穴」「余裕の罠」でした。

落とし穴①お金の余裕が油断を生む

収入が増えたことで、「これくらいなら使ってもいいだろう」と、自分に甘くなる瞬間が増えました。例えば、

・趣味に散財して、使いもしない高級アイテムを購入
・ちょっとした用事でもタクシーや便利屋を使う

・外食や高級店での会食が日常化

といった、「これ、必要だった？」と思う支出が積もり積もっていました。月収が増えたはずなのに、手元に残るお金は思ったほど増えていなかったのです。**余裕が生まれると、「節約」の意識が薄れていく。**収入増加時の典型的な落とし穴です。

落とし穴②時間の余裕が怠けを招く

時間も自由になると、人は「まあ、明日やればいいか」と思いがちです。私も例外ではありませんでした。

・朝、いつまでもベッドでゴロゴロ
・夜、ダラダラと動画やＳＮＳを見続ける
・優先順位が曖昧になる
・本来の仕事の時間を先延ばし

「**自由だからこそ、自分で律しなければいけない**」。そんな当たり前のことに気づけたのは、時間を無駄にしてからでした。

落とし穴③自己成長が止まる

もうひとつ大きな罠は、「安心感」です。月収200万円に達したとき、私は「これで成功者の仲間入りだ」と思い込んでいました。少しずつ、成長するための努力を怠るようになったのです。具体的には、こんな変化がありました。

・読書や自分磨きをサボる
・新しいビジネスアイデアに挑戦しなくなる
・自分のスキルアップよりも、現状維持を優先する

「今のままで十分」という感覚が、気づかないうちに自分の成長を止め、競争力を削いでいったのです。これは非常に危険な状態でした。

これらの落とし穴から抜け出すために、私が実践したことをご紹介します。

落とし穴①の対処：お金の「見える化」

収入と支出を細かく記録し、「無駄な支出」を洗い出しました。使ったお金が「未来のため」になっているかを意識することで、無駄な支出を減らしました。具体的には、必要のない高額な飲み会や趣味への散財を控え、自己投資にお金を使うようシフトしました。

また、次のチャレンジを決め、そのためのお金を確保するために節制し始めました。

落とし穴②の対処：タスクを整理し、優先順位をつける

「自分がやるべき仕事」と「他人に任せるべき仕事」をリスト化しました。結果、自分の時間を最大限有効活用し、より重要なプロジェクトに集中できるようになりました。

さらに、自分がサボりがちな時間帯を見極め、その時間に大事なタスクをあえて配置することで、怠ける余地を減らしました。

落とし穴③の対処：学び続ける姿勢を取り戻す

「自分はまだまだ成長途中だ」と再認識するため、週に1冊はビジネス書を読むこと、定期的に能力開発の研修に参加することを再開しました。新しい知識や刺激が得られることで、再び挑戦する意欲が湧いてきました。

学び続けることで、自分のビジネスにも新しい風が吹き込み、結果として次の収入アップにつながりました。


月収200万円は「次の挑戦」のスタートラインです。

月収200万円は、ひとつの成功ですが、それがゴールではありません。この段階で油断せず、次のステージへの準備をすることが大切です。

・お金の余裕を自己投資に回す
・時間の余裕を成長のために使う
・成功に慢心せず、挑戦を続ける

これらを意識することで、次の目標に向かって進むことができます。

もし今、あなたが月収200万円の近くにいるなら、この「余裕の罠」に気をつけてください。余裕は一瞬で怠けに変わり、それが成長を止める原因になることもあります。

「さらなる成長」の一歩を踏み出し、未来の可能性を広げましょう!

Rule 49

自分との戦いに勝つ!

私は起業家が成功を諦めていく姿、失敗する姿を本当にたくさん見てきました。

成功を諦めていく人、失敗する人たちの共通点は何だったのでしょうか?


すべての人が自分に甘かったのです。


ある人は輸入小物の店を経営していました。

店の営業時間は13時から21時だったので彼は午前中、昔の仲間と麻雀をしていました。

とはいえ、午後はきちんと店を開き、営業していました。

店の準備もありますから実働時間は10時間程度でしょうか。1日10時間労働は会社員なら別に問題ありません。


しかし起業家ならばそういうわけにはいきません。

ライバルと同じことを同じようにやっていても、弱肉強食なマーケットで勝つことはできません。

では勝つにはどうしたらいいのか？

それは長く働くことと、速くやることです。

普通の会社が8時間労働なら、あなたは16時間働くのです。

普通の人が1時間かかることをあなたは30分でやるのです。

これで同業他社の4倍の仕事量になります。人間4人分です。

16時間緊張感を持って、とにかく速く手を動かします。走ります。

そして土日祝日も働きます。1年間休みなしです。

ここまでやれば成功する「かも」しれません。逆にここまでやらなければ成功どころか、生き残ることもできません。


「500時間、5000時間、50000時間の法則」というものがあります。

ひとつのことに打ち込んだ時間の総数で、500時間、5000時間、50000時間でどこまでいけるか、という目安です。


例えば500時間。

お花、お茶、書道などの習い事に週に2時間を2回行くとします。週に4時間を1年で50週だと、1年で200時間、2年半で500時間になります。

2年半やっていると、お茶もお花も書道も、それなりに人並み程度にたしなむようになりましたね、となる時間数です。

仕事も一緒です。目的意識を持って、生産的に頑張る時間が週に2時間でたった2日間だけ、週に4時間だけ頑張ってるだけだとしたら、2年半たっても、人並みにそれなりに商品のこともわかったり、一応普通におしゃべりはできるようになりましたね、という感じになります。

5000時間だとその道で食っていけるようなレベルになりましたね、というレベルです。ある統計では、1人の営業マンの平均有効面談時間は1日2時間といわれるそうです。有効じゃない面談もあるわけです。

本当に生産的で、買います、買いません、イエス、ノーがはっきり出てくる時間が2時間だといわれるのです（かなり優秀な人だと2倍3倍にもなりますが）。

月に25日、平均有効面談時間2時間だと、月に50時間、年間600時間です。5000時間に達するのに9年くらいかかります。だから、何事も食えるレベルになるのに10年と言われるのです。

平均的な仕事の仕方だと、やっと食えるレベルになるのに10年かかるのです。

5000時間はその道のエキスパートです。年収が最低でも3000万から4000万、もしくはそれ以上あるということです。

あなたは、今している仕事のレベルでいくと、5000時間に何年かかりますか?

これを10年でやろうと目標を持ったとしましょう。

120ヶ月で、月30日で1日平均の本当に生産的な活動時間13・8時間どっぷり仕事をやらないといけない計算になります(だらだらしている時間を除いてです)。


私自身に当てはめてみました。

24歳からメンターに弟子入りをし、32歳で年収が3000万円を突破しました。

約8年です。

12ヶ月×8年×30日=2880日です。

5000時間には1日17・3時間仕事をする必要があります。

実際、私の場合、17・3時間仕事、睡眠時間5時間、食事時間0・2時間、移動時間は

0・5時間、その他の時間1時間くらいだった思います。

私は睡眠時間を減らすと体調を崩しやすいので、1日5時間はなんとか確保しました。もちろん、3時間睡眠の時もありました。仕事から帰って、気づいたら玄関で寝ていることも何度もありました。


朝起きて、熱いシャワーを浴びて、目を覚まして、パッと出かける！

眠くなるから移動中に睡眠時間を補っていました。車の運転中眠くなります。赤信号で停まるとチャンス！　寝る！　1分！

起きない時どうするか？　後ろの車がプップと起こしてくれるんです。

食事は移動中、車を運転しながら食べることが多かったです。今も忙しい時は、車を運転しながらマックのハンバーガーなどで済ますことが多いです。

アポイントは呼びアポにして、自分は同じ場所から動かない。

取引先も、やり手の社長は深夜1時2時まで平気で事務所にいるので、夜中まで仕事になりました。

昼間は会えるお客様に会って、夜はそういう社長やビジネスパートナーと打ち合わせをする。

それでも8年かかりました。

もちろんビジネスオーナーは仕事にレバレッジが効きますから、５００００時間までいかなくても年収が３０００万や億を達成する人もいると思います。

必要なのは、目的意識を持った生産的な時間です。

「趣味なども必要ですって？」↓成功していない起業家にそんなものはありません。

「家族と過ごす時間が必要？」↓成功していない起業家にはそんな時間はありません。

人間として欠陥があると言われてもしかたがありませんが、「**成功していない起業家は仕事以外のことをしてはいけない**」と私は思うのです。

ただ、そんな私もいろいろな誘惑に駆られました。

「もういいんじゃないの。お前はスゴク頑張ったよ。少しぐらい休憩しようよ」

こういう声が聞こえてきます。

成功する起業家と失敗する起業家の分かれ目はココだと思います。こういう声が聞こえてきたら、さらに頑張るのです。趣味の時間、家族との時間、休憩は成功してから、いくらでもとってください。

「そんなに働いたら死んじゃうよ」→死にません。過労死した経営者はいないと思います。

やりたくない仕事を延々とやらされ続けた会社員だけが過労死します。

やりたいことをしている、夢を持って仕事をしているあなたが死ぬわけはありません。

土日祝日はもちろん正月も働きました。当時正月の三ヶ日が好きでした。

誰も働いていない時に私は働いている。みんながお正月気分でのんびりしているうちに私は前に出られるんだという高揚感さえありました。

なぜこんなに働いたのかというと、正直怖かったからです。

自分は起業家に向いてないんじゃないか、成功しないんじゃないかと毎晩怯えていました。仕事をしているとその恐怖から逃れられたのです

あの天才イーロン・マスクさんですら、1週間120時間働いています。普通の私はもっとやる必要があると、今でも思っています。

まずは50000時間到達まで突っ走ってください。

私ができたんだからあなたにもできるはずです。

一番の失敗は自分との戦いに負けることなのです。

Rule 50

年収3000万から1億までの道

年収3000万円に到達することは、間違いなくひとつの成功です。この段階にいる人は、すでに多くの努力を重ね、価値を生み出してきたことでしょう。

しかし、次のステージ——「年収1億円」という大台を目指すとなると、大前提で年収1億円を達成しているメンターに学ぶことが必要です。

そして、年収1億円になるための戦略が求められます。

私自身、この壁を突破するのに8年かかりました。試行錯誤を経て学んだポイントを、これからお伝えします。

①収益モデルの「再現性」を確立する

年収3000万円は、働けば働くほど収入が増えるという「労働対価型」の働き方、個の力でもいけるかもしれません。

しかし、1億円に到達するためには、「**同じ成功を繰り返せる仕組み**」を作ることが必須です。

・個人依存から仕組み化へ

収益が「自分の時間や労働」に依存している限り、収入の上限があります。自分がいなくても利益を生むビジネスモデルやチームを構築することが重要です。

・再現性を意識する

自分だけではなく、他の人でも実行可能なノウハウを持つこと。

再現性を意識すると、同じ成功を何度でも生み出せるようになります。これが、収入を飛躍的に増やす基盤になります。

②視座を高める：「プレイヤー」から「プロデューサー」へ

年収3000万円の壁を超え、年収1億円に至るためには、**自分の役割を「プレイヤー」から「プロデューサー」に切り替える**必要があります。

メンターから次のような例え話をして頂きました。

「ビジネスを海釣りに例えてみるよ。

魚がたくさん釣れるようにするには、魚が棲みつくようなテトラポッドが必要なんだ。あと、海っていうのは山で決まる。

山の保水力のある木があるからプランクトンが発生する。で、そのプランクトンが川に流れ込み、海に流れ込むとそれを食べるちっちゃな生物が来て、それを食べるもう少し大きな生き物がきて、でそれを食べる大きな生物が来て……って感じでいっぱい魚が獲れるいい海になるんだよ。海のプランクトンもあるけど山から流れてくるプランクトンがなければ、魚って大きくならない。豊かな魚が獲れる場所にならないんだよ。

最初は魚釣りだけしてたらいいけど、魚釣りする人だけになったら、魚がいなくなるだろ？　テトラポッドを置いたり、山の環境を良くしたりする仕事をする人も絶対に必要なんだ。

そういった環境整備のことも考えて実行に移していくのが、年収1億円に行くための中野君の仕事なんだよ」

優秀なメンバーを集め、チームメンバーが成果を出せる環境を整えるのです。

自分1人ではなく、チームでスケールすることを目指すのです。

③ブランド力を活用する

年収3000万円を達成した起業家には、すでに一定のブランド力が備わっています。このブランド力を活用し、新しいチャンスを引き寄せることが次のステップです。

成功事例や実績を明確に打ち出し、**「この人に頼めば間違いない」と思われるポジションを築く。**これにより、高額案件や大型プロジェクトを獲得しやすくなります。

出版やメディア出演、SNS、ブランディング戦略を考え、自分の専門性や価値観を発信していくことで、広範な支持者層を築くことができます。

④リスクを分散する

年収3000万円の段階では、1つの事業の収益に依存している部分が大きいかもしれません。しかし、1億円のステージに進むには、複数の収益源を持つことが重要です。

私の場合、リスク分散のために以下のことに取り組みました。

・複数事業の展開。小売り、コンサルティング、営業代行といった異なる分野で事業を拡大しました。

・収益モデルの多様化。単発収益だけでなく、ストック型の収入になるビジネスモデルを導入することで、安定した収入を確保しました。

事業の柱が増えることで、収入の幅も広がり、結果として1億円という収入目標が現実的になります。

⑤自分を信じ、次の壁に挑む

最後に最も大切なのは、**自分を信じて挑戦し続けること**です。年収3000万円を達成した時点で、多くの人は「もう十分」と思いがちです。しかし、さらに上を目指すためには、心の中で「自分はもっとできる」と信じる強い意志が必要です。

年収1億円への道は、単にお金を稼ぐこと以上に、「ビジョンを大きく持つ」「多くの人に価値を提供する」という挑戦です。その道のりで得られる成長は、収入以上にあなたの人生を豊かにしてくれるでしょう。

さあ、次のステージを目指して、一歩踏み出しましょう！

Rule
51
起業家にしか味わえない喜び

起業するということは、何もないところから自分のビジネスを形にしていくことです。

私の場合、メンターに教わり、真似させていただいたり、仕事のお手伝いをさせていただきながら実践を通して学び、週末起業で立ち上げてきました。


もちろんそこにはリスクや困難も多くありました。しかしそれ以上に、起業することには「起業家にしか味わえない特別な喜び」が存在します。

私自身もこの喜びを感じた瞬間が数多くあり、それがエネルギーとなり、さらなる挑戦への原動力になっています。それらは、事業が進展するごとに異なる形で訪れ、起業家の成長を後押ししてくれるものです。

①事業を軌道に乗せた喜び

最初に訪れるのは、「自分のビジネスが動き出した」という実感です。

・初めての契約を結んだとき
・売上が立ち、事業として成り立ち始めたとき
・自分と社員に給料を支払えるようになったとき

これらの瞬間は、**「ゼロから何かを生み出した」という達成感**を強く感じられ、起業家としての自信につながります。

②生活の安定を手に入れた充足感

次に感じるのは、事業が安定し、自分や家族の生活がしっかりと支えられるようになったときの充足感です。

・月々の収入が安定し、生活の心配がなくなったとき
・自分の夢だけでなく、家族の願いも叶えられるようになったとき
・プライベートでも余裕を持てるようになったとき

この段階では、**ビジネスの成果が自分自身の生活に直結し、「やってよかった」と心か**

ら思えるようになります。

③人を育てる喜び

事業が軌道に乗ると、次に訪れるのは「人を育てる楽しさ」です。

・自分の右腕となる社員やコミュニティメンバーが成長し、頼もしい存在になったとき
・社員やコミュニティメンバーが自分の期待を超える成果を出したとき
・「ありがとう」と感謝され、信頼関係が深まったとき

起業家として、ただ指示を出すのではなく、**人材を育成し、ともに成長していける喜び**を実感します。これは、単なる「ビジネスの成功」では味わえない感動です。

④チームと共に目標を達成したときの喜び

起業当初は、一人で奮闘することも多いでしょう。しかし、少しずつ仲間が増え、チームとして動けるようになると、次のステージの喜びが待っています。

・大きな契約をチームみんなで勝ち取った瞬間
・チーム全員で目標達成を祝う瞬間
・メンバーが成長し、自分以上に成果を出す瞬間

起業家は、事業を通じて人と人を繋ぎ、価値を生み出していきます。それが形になった時、**チームの成長や一体感から得られる喜び**は格別です。

⑤社会に貢献している実感

事業が成長し、規模が大きくなるにつれて、「自分のビジネスが社会に役立っている」という実感が得られるようになります。

・地域の雇用を生み出す
・お客様から「このサービスのおかげで助かった」と感謝される
・世の中の課題を解決していると感じる

起業家として、**自分が挑戦した結果が社会にとって価値あるものとして認められる瞬間**

は、「やってよかった」と心から思える瞬間です。

⑥困難を乗り越えた時の達成感

起業には多くの困難がつきものです。資金繰りの悩み、人材不足、競合との戦いなど、壁は次々に現れます。しかし、それらを乗り越えたとき、起業家にしか感じられない達成感があります。

・資金難の中でギリギリの工夫をして危機を乗り越えたとき
・最初は振り向いてくれなかった顧客が、長期的なパートナーになったとき
・他の誰かにはできなかった挑戦を自分がやり遂げたとき

困難を克服した経験は、他では得られない自信と誇りをもたらします。

⑦未来を切り拓く実感

起業家としての最大の喜びは、「自分が未来を切り開いている」という感覚です。

・従業員やその家族の生活を支えているという責任感
・新しい市場や価値観を作り出す挑戦
・次世代の起業家を育てる役割

これらは、他の仕事ではなかなか味わえない「**起業家だからこそ得られる誇り**」です。

起業家にしか味わえない喜びは、挑戦とともにあり、事業が成長するごとに新しい形で訪れます。それは、単なる数字や結果だけではなく、人や社会とのつながりの中で実感できるものです。

もちろん、失敗や挫折もつきものです。
しかし、それを乗り越えた先には、**普通の人生では味わえない感動**が待っています。
起業の道は決して楽ではありませんが、その喜びは何物にも代えがたいものです。
その先にある特別な感動こそが、挑戦を続ける理由になります。

「起業家にしか味わえない喜び」を味わいながら、次の挑戦へと歩みを進めてください！

おわりに

最後までお読みいただき、本当にありがとうございました。

本書の執筆にあたり、多大なご協力をいただいたビジネス社の中澤様、岡田様に感謝申し上げます。

私自身、普通の会社員として働きながら「このまま一生が終わるのだろうか」と漠然とした不安を抱えていました。そこから起業を決意し、失敗や苦労を何度も経験しながらも、気づけば「億り人」と呼ばれるような収入を得ることができるようになりました。

しかし、この道のりは決して私だけの特別なものではありません。平凡なサラリーマンだった私だからこそ言えるのは、「誰にでも可能性がある」ということです。

本書で紹介したルールやマインドセット、具体的なアクションは、実際に私自身が実践し、多くの私のお弟子さんが再現して成果を上げてきたものばかりです。

振り返れば、成功の鍵は「継続すること」と「人との縁」に尽きます。一歩踏み出す勇気があれば、普通の人でも普通ではない成果を得ることができる。何かに挑戦することで新しい世界が広がり、その中で出会う人たちが次のチャンスを運んできてくれる。そうやって、人とともに成長していけるのが起業の醍醐味でもあります。

本書があなたの新しい一歩を後押しするきっかけになれば、これ以上の喜びはありません。

もし、本書を読み終えた今、少しでも「やってみよう」と思ったのなら、その気持ちを大切にしてください。小さな一歩でいいのです。まずは行動してみてください。そして、ぜひ私たちと同じ「起業家という名の挑戦者」の仲間入りをしてください。

最後に、私がここまで来られたのは、これまで支えてくださった家族、仲間、そして読者の皆さまのおかげです。この場を借りて心より感謝申し上げます。

あなたが新しい挑戦の扉を開き、豊かで充実した未来を手に入れられることを心から願っています。

中野祐治

2025年1月吉日

[著者プロフィール]

中野祐治（なかの・ゆうじ）
起業家。飲食事業、小売事業、キャリア支援事業、講演事業、業務コンサルティング事業、ビジネストレーニング事業などを多岐にわたって展開する。大阪府大阪市生まれ。神戸大学卒業後、シャープ株式会社に入社。24歳で経営のメンターと運命的に出会い、そこからメンターに学びはじめる。人生において「すべての人を勝利に導く」をビジョンとして掲げ、事業の道に踏み出し、27歳で独立。39歳ですべての事業からの収入が年収1億円を超える。毎月、500人規模から1000人規模の講演会を開催し、多くの若者から師匠と慕われる、いま注目の起業家。著書に、『億を稼ぐ人の考え方』『億を稼ぐ人の習慣』『億を稼ぐ人の話し方』（いずれもきずな出版）がある。

起業で「億り人」になった人の絶対ルール

2025年2月1日　　第1刷発行

著　者　中野祐治
発行者　唐津隆
発行所　株式会社ビジネス社
〒162-0805 東京都新宿区矢来町114番地
神楽坂高橋ビル5階
電話 03(5227)1602　FAX 03(5227)1603
https://www.business-sha.co.jp

カバー印刷・本文印刷・製本/半七写真印刷工業株式会社
〈装幀〉テニヲハ組版室
〈本文デザイン・DTP〉明昌堂
〈営業担当〉山口健志　〈編集〉中澤直樹

ISBN978-4-8284-2697-6